JN321758

安倍政権の裏の顔

「攻防 集団的自衛権」ドキュメント

朝日新聞政治部取材班

講談社

まえがき

二〇一五年夏。全国各地で記録的な猛暑が続いた。

国会では論戦が続いていた。安倍晋三首相は通常国会を戦後最長となる九五日間も延長し、安全保障関連法案の成立を目指した。

この法案は、集団的自衛権の行使や紛争地での後方支援など、あらゆる事態に切れ目なく対応できるよう計一一本もの法案を束ねたものだ。

各報道機関が行った世論調査では、安倍内閣の支持率は大きく落ち込んだ。

「成立すれば、国民は忘れる」（政権幹部）として国会審議を急ぎ、衆議院で採決を強行したからだ。安保関連法案への理解は広がらず、国民の多くが、法案に慎重姿勢で、安倍政権の法案に対する説明が不十分だと感じていた。

国会前では、法案に反対のデモを行う学生団体「ＳＥＡＬＤｓ（シールズ）」が、

「勝手に決めるな」

「民主主義って何だ」

と叫び、母親たちは、

「子どもを戦場に送るな」

と訴え、戦争を知る世代は、

「戦争できる国にしない」

と反対した。

こうした動きは、確実に全国に広がっていった。


ターニングポイントは、憲法学者の蜂起だった。一五年六月四日の衆院憲法審査会。自民党が推薦した長谷部恭男・早大教授、民主党推薦の小林節・慶大名誉教授、維新の党推薦の笹田栄司・早大教授の三人の憲法学者がそろって「憲法違反だ」と指摘した。

長谷部氏は「個別的自衛権のみ許されるという（9条の）論理で、なぜ集団的自衛権が許されるのか」と批判した。とりわけ問題視したのが、

「集団的自衛権の行使は認められない」

という従来の政府の憲法解釈を変更し、行使を認めた一四年七月一日の閣議決定だった。

安保関連法案は、閣議決定に盛り込まれた集団的自衛権が行使できる「武力行使の新3要件」などをもとに、閣議決定の内容に沿って自衛隊の活動を大きく広げられるように作られていた。

しかし、憲法の専門家から、法案の骨格となる政府の憲法解釈の変更に「ダメ出し」された。国民は、政府の説明より、学者の言葉に説得力を感じた。

「違憲」という根本的な疑問を突きつけられた安保関連法案。その土台となる閣議決定について、安倍政権と自民、公明両党がどういう思惑で、どのように作っていったのか。

本書は、日本の安全保障政策が根本的に変わるという歴史的な転換点の舞台裏を白日のもとにさらすものだ。一四年と一五年、この二年は、憲法が歪められ、平和国家・日本が大きく変質した節目として、記憶される年になるかもしれない。

（本文敬称略、肩書は当時）

安倍政権の裏の顔

「攻防　集団的自衛権」ドキュメント

目次

第一章

第四章 泥沼に踏み出した「5・15会見」

終章 日本はどこへ向かうのか それぞれの夏……195

造本・装幀　岡孝治

安倍政権の裏の顔

「攻防　集団的自衛権」ドキュメント

集団的自衛権行使容認をめぐる人物相関図

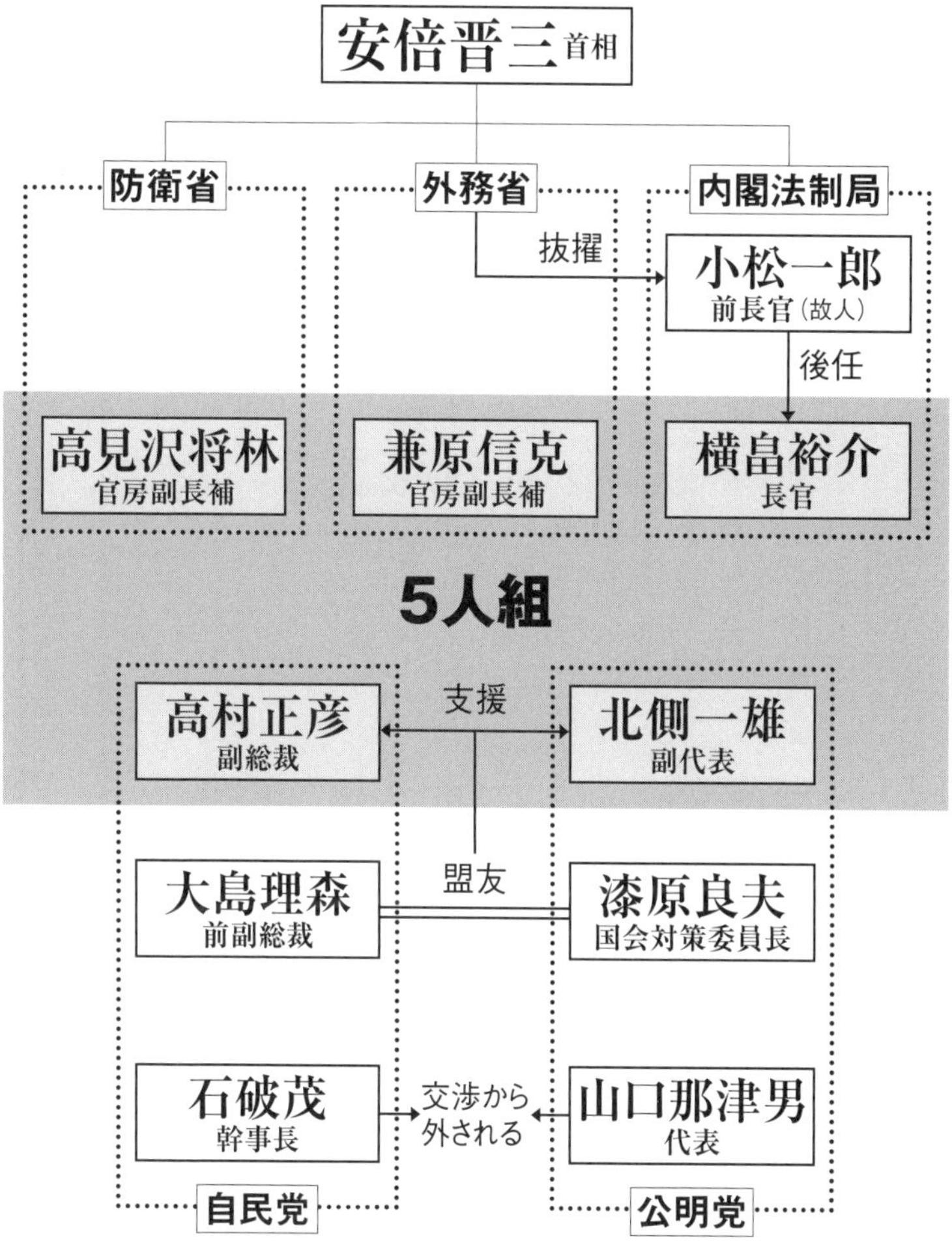

集団的自衛権行使容認をめぐる年表

1946年〜2013年

1946年	11月	日本国憲法公布
1951年	9月	日米安全保障条約の締結
1954年	7月	自衛隊発足
1959年	12月	砂川事件の最高裁判決。米軍駐留の合憲性が争点となり、判決は「国の存立を全うするために必要な自衛のための措置をとりうる」と認める一方、安保条約については「高度の政治性を有し、司法裁判所の審査には原則としてなじまない」と判断を避けた
1960年	6月	改定日米安保条約が成立
1972年	10月	田中角栄内閣が「集団的自衛権と憲法との関係」と題する政府見解を国会に提出。見解は、憲法は①必要な自衛の措置は禁じていない②外国の武力攻撃によって、急迫、不正の事態に対処し、国民の権利を守るためのやむを得ない措置は必要最小限度にとどまる、とする二つの基本的論理を示し、個別的自衛権は認める一方、「集団的自衛権の行使は憲法上許されない」と結論づけた
1981年	5月	鈴木善幸内閣が集団的自衛権に関する政府答弁書を閣議決定。「わが国は、憲法第9条で許容されている自衛権の行使は、自国を防衛するため必要最小限度の範囲にとどまるべきであると解しており、集団的自衛権の行使は憲法上許されない」とした

集団的自衛権行使容認をめぐる年表

1990年	8月	イラクがクウェートに侵攻、占領
1991年	1月	湾岸戦争。日本は130億ドルを拠出したが、「カネしか出さないのか」と米国を中心とした国際社会から強い批判を浴びた
2006年	9月	第1次安倍晋三内閣が発足
2007年	5月	憲法解釈変更に向けて、有識者会議「安全保障の法的基盤の再構築に関する懇談会」（安保法制懇）を立ち上げる
	9月	首相退陣
2008年	6月	安保法制懇が、憲法解釈変更を求める報告書を福田康夫首相に提出。たなざらしに
2009年	9月	民主党に政権交代
2012年	12月	自民党が政権を奪還、第2次安倍晋三内閣が発足
2013年	2月	安保法制懇が第2次政権で初会合。参院選まで小休止
	7月	参院選
	8月	安倍内閣が、内閣法制局長官に外務省出身の小松一郎駐仏大使をあてる人事を決定
	9月	安保法制懇が再開

2014年

3月6日	自民と公明の幹部による「3+3」（スリー・プラス・スリー）初会合
4月3日	「3+3」の第2回会合。メディアに報じられ頓挫
5月15日	安保法制懇が報告書を提出 首相が記者会見、与党協議で集団的自衛権の行使容認に関する議論を始めるよう指示
20日	与党協議が初会合
27日	第2回与党協議
6月2日	「5人組」が初会合
3日	第3回与党協議
4日	第2回「5人組」
6日	第4回与党協議
9日	第3回「5人組」、北側一雄・公明党副代表が「新3要件」の修正案を高村正彦・自民党副総裁に提示
10日	第5回与党協議 高村副総裁が安倍首相に「新3要件」の修正案を提示し、首相が了承。憲法解釈変更が実質的に固まる

11日	第4回「5人組」
13日	第6回与党協議
	第5回「5人組」
16日	第6回「5人組」
17日	第7回与党協議
19日	第7回「5人組」
20日	第8回与党協議
23日	第8回「5人組」
24日	第9回与党協議
26日	第9回「5人組」
27日	第10回与党協議
7月1日	第11回与党協議、自公が集団的自衛権の行使を認める憲法解釈の変更で合意 安倍内閣が、集団的自衛権を使えるよう憲法解釈の変更を閣議決定 首相が記者会見

序章

ぶれないモヤシ 素顔の安倍晋三

2015年7月27日、参院本会議で「安保法案」が審議入りする日の朝、官邸に入る安倍首相

モヤシのような若者と面接官

第一印象は「モヤシ」だった。

一九七三年初めごろ、成蹊大学助教授として入学試験の面接官を務めていた佐瀬昌盛（現・防衛大学名誉教授）は、面接室に入ってきた若者を見た瞬間、そう感じた。

面接を続けながらもよおしていた眠気は、この若者の身上書を見て一気に吹き飛んだ。

「父・安倍晋太郎、祖父・岸信介」

佐瀬は振り返る。

「両親の写真も貼り付けられていた。そういう時代だったんだろうな」

若者の名は、安倍晋三。のちに二度にわたって日本の首相に上り詰める安倍も、この時はまだ一八歳だった。

佐瀬は、

「**これが岸さんの孫かあ**」

と心の中でつぶやいた。岸は、戦前、戦後を通じて権力の中枢を歩み、「昭和の妖怪」と呼ばれた。それだけに、ひょろっとして弱々しい目の前の若者に、佐瀬は拍子抜けした。

それから二九年の月日が流れた二〇〇二年初め。安倍と佐瀬は、東京駅八重洲口近くの居酒屋で再会する。

安倍は小泉内閣の官房副長官になっていた。遅れて参加した安倍は、

「はじめまして」

と佐瀬にあいさつした。

佐瀬はニヤニヤしながら応じた。

「会ったことがありますよ」

戸惑う安倍に、佐瀬が、

「面接試験をやったよ」

と伝えると、安倍は、

「うへ〜」

と言って頭をかいた。

会合の席には、のちに第二次安倍内閣で「国家安全保障会議（日本版ＮＳＣ）」の初代事務局長に就くことになる外務省総合外交政策局長の谷内《やち》正太郎ら数人の官僚のほか、元駐タイ大使の

岡崎久彦がいた。

安倍と佐瀬の二九年ぶりの再会をお膳立てしたのは岡崎だった。
○一年初夏。岡崎は、安全保障研究の第一人者である佐瀬の自宅に電話した。佐瀬は、『集団的自衛権』（ＰＨＰ新書）を出版したばかりだった。
集団的自衛権は、自分の国が攻撃を受けていなくても、密接な他国が攻撃を受けた場合、一緒になって反撃できる権利のことだ。憲法９条を持つ日本では、日本に直接攻撃があった場合にのみ反撃できる個別的自衛権しか認められてなかった。

当時は集団的自衛権が政治課題にまったく上がっていなかったこともあり、専門的に扱った本は少なかった。

岡崎は電話で佐瀬にこう伝える。

「**この本は最高の教科書だ。これで政治家を教育しよう**」

その後、二人は作戦を練るために会った。佐瀬は尋ねた。

「**どうやって政治家を教育するんだ**」

岡崎は、

「**各個撃破だ。一人一人教育していこう**」

と答えた。

「誰からやるんだ？」

佐瀬の問いに岡崎は、まだ衆院当選三回に過ぎなかった若手議員の名を即答した。

「安倍晋三だ。あれはぶれない」

外務省の憤りと怨念

一九八〇年ごろ、外務省から防衛庁に出向していた岡崎のもとを、米海軍の司令官が訪ねてきた。中東ではイラン・イラク戦争が起きていた。司令官は、在日米軍横須賀基地からペルシャ湾のホルムズ海峡までパトロールする任務のつらさを語った。

米艦船の甲板は、夏場には五〇度にもなる。船内に冷房はなく、夜でも温度は下がらない。石油運搬の要衝海域であるホルムズ海峡を通るのは、「〇〇丸」という名前がついた日本のタンカーが多かった。

それを守る米海軍の水兵たちは、司令官を、

「どうして日本の自衛隊が守らないのか。どうして、俺たちだけがつらい任務をしないといけないんだ」

と突き上げていた。

司令官は岡崎にこう告げた。

「私は日本の政治の都合上、自衛隊がタンカーを守れないことは分かっているつもりだ。しかし、

水兵たちには分からないんだ。私はただ、水兵たちが怒っているということだけでも、岡崎に理解していてほしい」

日本に原油を運ぶタンカーのほとんどが、パナマ船籍かリベリア船籍だった。日本の海運業者は、税金や人件費を節約するため、経費が安い国に便宜上、船を登録する。自衛隊は日本船籍のタンカーなら守れるが、外国船籍を守ると集団的自衛権の行使となり、憲法違反になる恐れがあった。

岡崎は、司令官の愚痴を聞き、

「**こんなばかばかしい話はない**」

と憤る。集団的自衛権の行使を認めるべきだ、と思った瞬間だった。

それから約一〇年後、岡崎の憤りは、外務省の怨念《おんねん》へと変わっていく。

イラクが、クウェートに侵攻したことを機に勃発した湾岸戦争。当時の外務省条約局（現・国際法局）は、憲法の解釈をつかさどる内閣法制局に対して、

「**自衛隊に多国籍軍の負傷兵の治療をさせたいが可能か？**」

と問い合わせた。しかし、返ってきた答えは、

「**憲法9条が禁じる武力行使の一体化にあたる**」

と、派遣を否定するものだった。

結局、日本は一三〇億ドルを拠出したが、

「**カネしか出さないのか**」

と、米国を中心とした国際社会から強い批判を浴びた。外務省内で「湾岸戦争のトラウマ」と言われるようになった。

「日本は禁治産者だ」

二〇〇〇年五月の衆院憲法調査会。安倍は、

「日本は持っているが、使えない」

という集団的自衛権についての政府見解を激しく批判した。

「かつてあった禁治産者は、財産の権利はあるけれども行使できなかった。まさにわが国が禁治産者であることを宣言するような極めて恥ずかしい政府見解ではないか」

日本の安全を考えたうえでの政策的な必要性よりも、国家が当然、持つべきものを持っていないのはおかしいという観念が優先しているようだった。

そこには、祖父・岸信介の考えが見える。岸は、日本での内乱を米軍が鎮圧することを許した旧日米安全保障条約を「不平等だ」と考え、安保改定に踏み切った。集団的自衛権を行使できるようになると、日本も米国を守ることができる。日米同盟がより対等な関係となり、真の「独立国家」へと一歩近づく。

安倍が強烈に意識する岸の答弁がある。

「外国に出て他国を防衛することは憲法が禁止しておる。その意味で集団的自衛権の最も典型的なものは持たない。しかし、集団的自衛権がそれに尽きるかというと、学説上、一致した議論とは考えない」

一九六〇年の参院予算委。首相だった岸は、憲法9条のもとでは、外国まで自衛隊を派遣して、その国を守る典型的な集団的自衛権を持つことはできないが、そうでない限定的な集団的自衛権ならば、行使できる可能性を示唆していた。

当時、集団的自衛権を行使できるかどうか、政府の憲法解釈は固まりきっていなかった。

「国際法上は保有するが、憲法上、行使できない」

という憲法解釈が次第に固まってくるきっかけは、ベトナム戦争だった。六五年に米軍が北ベトナムを爆撃して以降、戦争は泥沼化する。

「米国の戦争に巻き込まれるのではないか」

という世論の不安を背景に、野党が自民党政権を追及した。政権は、

「集団的自衛権が行使できないため、ベトナム戦争に参戦できない」

という理屈で、野党の批判をかわす答弁が七〇年代にかけて積み重ねられた。そして、

「持っているが、使えない」

という憲法解釈が七二年の政府見解、八一年の答弁書で固まる。

六〇年の岸の答弁は、安倍にとって、まるで「遺言」のようなものだった。

「持っているが、使えない」

という憲法解釈を忌み嫌い、それを変える推進力になったと同時に、

「限定的にしか使えない」

という理屈にもつながっていく。

小泉内閣で共闘した旧友

安倍は、衆院憲法調査会で集団的自衛権の行使容認を訴えてから二ヵ月後の二〇〇〇年七月、第二次森内閣で内閣官房副長官に就任した。

首相官邸で執務する官房副長官は、将来有望とされる中堅議員の登竜門だ。安倍が権力の中心に近づいたことは、岡崎ら集団的自衛権の行使を求める勢力にとって、大きな好機だった。

「**一緒に相談してやろう**」

岡崎は安倍に集団的自衛権の行使容認に向けて動き出すよう促した。

翌年、小泉純一郎に首相が代わったが、安倍は副長官に留任した。安倍と岡崎は、集団的自衛権を使えるよう憲法解釈を変えることを小泉に働きかけ続けた。

〇一年五月の国会答弁で、小泉はついに踏み込む。

「**憲法に関する問題について、世の中の変化も踏まえつつ、幅広い議論が行われることは重要であり、集団的自衛権の問題について、さまざまな角度から研究してもいいのではないか**」

しかし、九月、米国で同時多発テロが発生し、集団的自衛権を使えるように憲法解釈を見直していくという動きは頓挫した。岡崎は当時をこう振り返った。

「この最中に、集団的自衛権を持ち出すと混乱する。遠慮して引っ込めた」

官房長官時代から準備

安倍は二〇〇五年一〇月、官房長官として初入閣した。ポスト小泉を見据えながら、集団的自衛権の行使容認への動きを加速させる。

「集団的自衛権行使容認に向けて、官房長官のころから綿密に検討していた」

第一次政権で首相秘書官を務めた井上義行（現・参院議員）は、明かす。

井上は官房副長官、官房長官時代も安倍の秘書官を務めた。安倍の知恵袋になっていたのは、当時、外務事務次官の谷内だった。安倍と谷内は、北朝鮮による拉致問題をめぐり、北朝鮮に対して強硬姿勢をとる方針でも一致し、気脈を通じていた。

そして、安倍は〇六年九月、首相に就任する。

満を持して〇七年、有識者会議「安全保障の法的基盤の再構築に関する懇談会」（安保法制懇）を立ち上げた。

〈谷内は、後輩で国際法に詳しい外務省国際法局長の小松一郎と二人で、

「米艦船が攻撃された場合に自衛隊が応戦できるか」
「米国に向かう弾道ミサイルを撃ち落とすことができるのか」

など、「憲法上できない」とされてきた四つの類型を練り上げ、集団的自衛権の行使容認について、議論の流れを作り出した。

しかし、安倍は約一年で退陣。安保法制懇の議論は宙に浮いた。

憲法解釈の見直し議論は雲散霧消したかに見えた。

だが、安倍は一二年一二月、民主党から政権を奪い返し、首相に返り咲く。

解釈変更に向けて、外務省との二人三脚の関係をさらに強め、外務省出身者を要路に配置して突き進むことになる。

「集団的自衛権を持たない国家は禁治産者だ」

という安倍の観念と、外務省の「湾岸トラウマ」の怨念。二つの「念」は集団的自衛権の行使容認に向けた大きなエネルギーとして結びついた。

第一章

安倍の歪んだ執念 禁じ手「小松一郎」の登用

2014年3月、小松一郎・内閣法制局長官と安倍首相

悲願に向けて放った二度の「使者」

自民党が政権を奪い返した二〇一二年一二月一六日の総選挙。その数日後、首相に返り咲きが決まった安倍晋三の「使者」が、内閣法制局長官の山本庸幸《つねゆき》に接触してきた。

「集団的自衛権の行使を認めるために、憲法解釈の変更はできるか」

使者は、山本の考えを探った。

「従来どおり、できません」

山本はきっぱりと答えた。

安倍にとって、集団的自衛権の行使容認は第一次内閣以来の悲願だった。その実現には、どうしても内閣法制局の壁を突き崩さなければならなかった。

ただ、衆議院では圧倒的な議席を獲得できたが、参議院では連立を組む公明党と合わせても過半数に届かない「ねじれ」国会が続いていた。翌一三年夏の参院選で勝利して「ねじれ」を解消するまでは、経済政策を優先させるなど、安全運転に徹するつもりだった。

数日後、第二次安倍内閣が発足したとき、山本はそのまま長官に再任された。

法制局は「法の番人」「内閣の法律顧問」とも呼ばれる。法律案や政令案を審査し、法制局が首を縦に振らない限り、各省庁は法律案を閣議にかけられない。

とくに憲法9条の解釈は「法制局のレゾンデートル（存在理由）」だ。一貫して「集団的自衛権の行使は憲法上、認められない」との見解を守り、歴代内閣は踏襲してきた。

もし、自国ではなく、他国を守るための集団的自衛権を認めてしまえば、武力行使の範囲は際限なく広がり、9条が「死文化」してしまう——。

一一年から長官を務める山本には、こうした思いが強かった。

山本は、安倍の「使者」に対し、憲法解釈の変更をかたくなに拒否する一方、「ミサイル以外では、できる範囲内でやれることを考えましょう」と伝えた。

安倍が第一次内閣の時の〇七年に設置した「安全保障の法的基盤の再構築に関する懇談会」（安保法制懇）では、

（1）米艦船に対する攻撃への応戦

（2）米国に向かう弾道ミサイルの迎撃

（3）他国部隊などへの「駆けつけ警護」

（4）他国軍への後方支援

の四類型について、対応が可能か検討していた。

山本は、（２）以外は集団的自衛権を使わなくても、

「現在の憲法解釈の枠内で対応できる」

と協力する姿勢を見せたのだった。

しかし、安倍がこだわっていたのは、あくまでも集団的自衛権の行使を認めるために憲法解釈を変えることだった。

参院選を二ヵ月後に控えた一三年五月。自民党の勝利を見越したかのように、安倍は行使容認に向けて水面下で動き出す。

別の「使者」が再び山本に打診をした。

憲法解釈の変更が可能かを改めて問われた山本は、前回と同様、

「できません」

と答える。ただ、使者の口ぶりには、安倍はいよいよ動き出すのではないか、という緊迫感があった。

山本の予感はまもなく的中することになる。

人事の不文律を崩した、長官の政治任用

「もう何も心配ない」

元駐タイ大使の岡崎久彦は二〇一三年六月、首相官邸で安倍晋三から「秘策」を打ち明けられ、胸をなで下ろした。

岡崎には気になることがあった。メンバーになっている「安保法制懇」が第一次安倍内閣以来、五年半ぶりに再開した。

ところが、二回目がなかなか開かれていない。先行きを気にして、外務省の後輩で国家安全保障局長になる谷内正太郎、官房副長官補の兼原信克からときどき、官邸の雰囲気は聞いていた。しかし、安倍の思いが直接聞きたくなり、自ら官邸を訪れたのだった。

安倍は、内閣法制局の長官を山本庸幸から、元外務省国際法局長で駐仏大使の小松一郎を据えるという極秘の人事構想を岡崎に打ち明けた。

集団的自衛権の行使を容認するための憲法解釈の変更をかたくなに拒否した長官の首をすげ替える。安倍の考えを聞いた岡崎は、

「ここまでやる気ならば、何も申し上げることはない」

と感じた。

長官人事の任命権はもちろん首相にある。

だが、法制局が一九五二年に発足して以来、総務（自治）、財務（大蔵）、経済産業（通産）、法務の四省出身者が交代で長官に就任。さらに、法制次長から長官に内部昇格する原則が揺らいだことはない。

順送り人事との批判もあるが、政治の介入がないからこそ、「法の番人」として、内閣が代わろうとも一貫した憲法解釈を維持できた。

安倍は集団的自衛権の行使容認のため、外務省出身の小松を政治任用することで、この不文律を打ち破ろうとしていた。

安倍には苦い思い出がある。

「急がないほうがいい」

第一次内閣の時、官房副長官の的場順三は集団的自衛権の行使容認に前のめりな安倍をこう諭した。これまでの政府の見解を変えて行使容認に踏み切れば、内閣法制局長官の宮崎礼壹《れいいち》が「辞める」と的場にひそかに伝えてきていたからだった。

内閣法制局は「集団的自衛権の行使は憲法上、認められない」という憲法解釈を、自らの組織の存在意義のように守ってきた。「内閣の法律顧問」とも言われる内閣法制局長官が抗議して辞任すれば、政権にとって大きなダメージとなる。

安倍はやむなく時間をかけて手続きを踏む戦略に切り替えざるを得なかったが、二〇〇七年の参院選での大敗に加え、体調不良で退陣。その野望はくじかれてしまった。

同じ轍《てつ》を踏んではいけない——。

安倍は今度は周到に事を進めた。すでに小松には、

「参院選が終わったら、内閣法制局長官をやってもらう」

と内々に伝えていた。

ただ、単に小松に代えただけでは山本の更迭色が出てしまう。ちょうど外務省出身の竹内行夫が最高裁判事を定年退官することになっていた。後任に山本を充てるよう調整も指示した。

そして、自民党が大勝した参院選からまもない一三年八月二日朝、NHKと読売新聞、産経新聞が一斉に「法制局長官に小松駐仏大使」と報じた。

山本は「更迭人事」と受け止めた。安倍が送った二人目の「使者」に対し、解釈変更はできないと伝えてから約三ヵ月。「青天のへきれき」の交代劇だった。

最高裁判事の就任会見で、山本は「集団的自衛権の行使は解釈変更で対応できるか」と問われ

て、こう言い切った。

「私自身は、非常に難しいと思っている」

安倍に対する精いっぱいの抵抗だった。

外務省条約局と内閣法制局の一〇〇年戦争

「青天のへきれき」の交代劇に、内閣法制局には衝撃が走った。首相・安倍晋三によって長官が代えられたということだけではない。

新長官の小松一郎が、内閣法制局の宿敵とも言える外務省条約局（現・国際法局）の出身だったからだ。

小松就任の辞令が出た二〇一三年八月八日。新旧の長官はあいさつ回りで、黒塗りの公用車に同乗していた。

「**憲法と国際法、どちらが優先すると思いますか**」

小松は、隣に座る前長官の山本庸幸から尋ねられ、黙ったまま考え込んだ。

沈黙の背景には、外務省条約局と内閣法制局の「一〇〇年戦争」と言われる根深い対立があった。

外務省条約局は、集団的自衛権の行使を認めている国連憲章など国際法の解釈を一手に担い、省内で大きな影響力があった。

国連憲章は、

「国連加盟国に対して武力攻撃が発生した場合には、安全保障理事会が国際の平和及び安全の維持に必要な措置をとるまでの間、個別的又は集団的自衛の固有の権利を害するものではない」

として、集団的自衛権を持っていると認めている。外務省条約局は、自衛隊の海外での活動を広げて、日本の国際的な地位向上を目指していた。

一方、内閣法制局は憲法解釈をつかさどり、自衛隊の海外での活動に歯止めをかけようとする。

「我が国が国際法上、集団的自衛権を持っていることは当然だが、行使することは憲法上許されない」

と解釈。憲法9条のもとでは、個別的自衛権しか認められないとの立場を守ってきた。

山本の問いかけは、まさに一〇〇年戦争の核心を突くものだった。

外務省条約局が自衛隊の海外派遣にこだわるのは、一九九一年の湾岸戦争のトラウマが大きい。

国連安全保障理事会は前年の九〇年、クウェートに侵攻したイラクに対し、米国を中心とする多国籍軍の武力行使を認める決議を採択した。日本は、米国から物資輸送などの後方支援を求められた。

当時の外務事務次官・栗山尚一《たかかず》は、

「**自衛隊を使わないとダメです**」

と首相の海部俊樹に直言。外務省条約局は自衛隊を海外派遣できる国連平和協力法案を大急ぎで作った。その中心が同局法規課長の小松だった。

しかし、

「**国連軍の目的・任務が武力行使を伴うものであれば、自衛隊の参加は憲法上許されない**」

という法制局が示してきた政府見解で審議は紛糾し、廃案になる。日本は、国際社会から「汗は流さず、カネだけ出した」と批判された。

以来、外務省にとっては自衛隊の海外活動の幅を広げることが悲願となった。

小松はその後、国際法の専門家として『実践国際法』（信山社）を出版する。第一次安倍内閣では国際法局長として、米艦防護や弾道ミサイル迎撃など、行使容認を検討する四類型を作り、集団的自衛権の行使を認めるための理論的支柱となった。

小松は長官就任後、

「私も外務省の『トラウマ組』と見られているね」

と周囲に漏らした。小松の就任は、内閣法制局にとって「黒船の襲来」だった。

ただ、別の見方をする男が法制局にいた。同じ法律の専門家であるならば、小松も、法制局の理屈を重視せざるを得ないはずだ——。

男は「エース」と呼ばれていた。

法制局のエースが賭けた「理屈」

「ここは『理屈』の役所だから心配する必要はない。新しい長官をしっかりとサポートして、恥をかかせないようにしよう」

外務省出身の小松一郎が新しい内閣法制局長官に決まった二〇一三年八月、浮き足立つ職員を集めて冷静に呼びかける男がいた。

横畠裕介。法制局ナンバー2の法制次長。「エース」と呼ばれ、次の長官になることが確実視されていた。

東京地検検事などを経験し、外務、防衛両省からも安全保障法制に最も精通した人物と一目置かれる。かつて小泉政権の時、自衛隊のイラク派遣を可能にするため、戦闘が行われておらず、活動期間中も戦闘が行われる見込みがない「非戦闘地域」の概念を編み出した。

その後、民主党の野田政権は、国連平和維持活動(PKO)協力法を改正し、自衛隊が武器を使って、攻撃された民間人や他国軍を守る「駆けつけ警護」を可能にしようと試みた。しかし、横畠は首を縦に振らず、法改正は断念に追い込まれた。

柔軟性と頑固さを併せ持った横畠は、憲法解釈の変更という法制局史上最大の難局を迎え、職員に訴えた「理屈」に賭けていた。

集団的自衛権の行使容認という悲願を実現させるため、首相の安倍晋三は長年の慣例を破り、法制局長官に行使容認派の小松を送り込んできた。たとえ、法制局が積み上げてきた「憲法上、許されない」という見解を守ろうと抵抗したとしても、結果は目に見えている。

ならば、小松とともに法制局として積極的に関与し、過去の政府見解を厳密に反映させた憲法解釈を作り、先達たちが築き上げた憲法の規範を守るべきではないか――。

横畠には、安倍が第一次内閣で行使容認の検討を始めた当時から練っていた秘策があった。そして、その「理屈」は、国際法の専門家である小松になら分かってもらえるはずだとの確信を持っていた。

一方、「敵地」である内閣法制局に単身で乗り込んだ小松。力で屈服させるようなことはしなかった。小松は就任のあいさつで、職員にこう語りかけた。

「**赤点ばかり取っていた学生が、突如、『試験官のほうに回れ』と言われたような驚きと緊張感を持って受け止めた。私一人ではできないが、法のプロ集団の力を借りたい**」

部下を居酒屋にも誘い、

「来年夏までには歴史的な解釈変更をするからよろしく頼む」

と低姿勢で接した。

小松は、憲法に精通する法制局の力を借りなければ、憲法解釈の変更という歴史的な大転換は成し遂げられない、と分かっていたのだろう。

小松と横畠。いわば「水と油」の背景を持つ二人は、「理屈」をめぐって重要な話し合いを持つ。

「ちょっとしかできません」

内閣法制局長官に就任した小松一郎は、就任後すぐに法制次長・横畠裕介を長官室に呼んだ。

「9条をないがしろにするような憲法解釈の変更は持ちません」

「集団的自衛権を認めるにしても、今の憲法では、ほんのちょっとしかできません」

横畠は繰り返しこう強調した。

集団的自衛権とは、自国が直接攻撃されていないにもかかわらず、他国に対する武力攻撃を実力をもって阻止する権利。

歴代内閣がこの権利の行使を禁止したのは、

「9条は『自国防衛』までは認めるものの、『他国防衛』まではさすがに認めていない」

と解釈してきたからだ。

どうしても行使容認しなければいけないのであれば、これまでの政府見解が示してきた憲法9条による厳しい制約を踏まえ、自国防衛にかかわる部分だけを抜き出した「限定的な容認」であれば、成り立つのではないか――。

この逆転の発想こそ「秘策」であり、小松とも一致できると見込んだ「理屈」だった。

横畠が強く意識していたのが、首相・安倍晋三の私的諮問機関「安保法制懇」での議論だった。

小松が長官に就いたころ、座長代理を務める国際大学学長・北岡伸一は朝日新聞のインタビューに対して、

「**(集団的自衛権は)日本が行使することを許される必要最小限度の自衛力に入る。法理的な禁止を全面的に解く**」

と明言していた。安保法制懇では、憲法解釈上、集団的自衛権の行使を「全面解禁」する考えが強かった。

横畠にとって、全面解禁となれば、内閣法制局が築き上げてきた政府見解の論理はすべて否定され、憲法の規範は壊れてしまう。全面解禁を阻止するためには「限定容認」しかないとの信念を持っていた。

実は、小松自身も全面解禁に同調しているわけではなかったようだ。

長官に就任することが決まった小松は、それまで大使を務めていたフランスから帰国し、自民党副総裁の高村正彦《こうむら》にあいさつに行く。

高村は「小松さんは国際法の大家だ。集団的自衛権をまるまる認めるのだろう」と内心で思っていた。「限定容認」が持論の高村は、小松に、

「**一部容認という話が進んでいるが、それでいいか**」

と尋ねた。

「**抵抗するかもしれない**」

そう考えていた高村に、小松の答えは意外なものだった。

「**ええ、憲法がありますから**」

そんな小松は、理路整然と話す横畠の限定容認論にじっと耳を傾け、最後にぽつりと漏らした。

「**今の憲法でやれることには限界があるよね**」

二人の基本的な認識は一致した。

限定容認を認めていた安倍

憲法解釈をつかさどる内閣法制局のトップに、国際法の専門家、小松一郎を置く――。首相の安倍晋三が、この構想を温めていた二〇一三年六月、首相補佐官の礒崎《いそざき》陽輔が首相執務室に入った。

元総務官僚の礒崎は、小泉政権で、憲法9条と密接にかかわる有事法制作りに携わった人物だ。

安倍の肝いりである「国家安全保障会議」を設置する法案を作り終えたばかりだった。次の大仕事は集団的自衛権の行使容認。安倍の考え方を確かめておきたかった。

「集団的自衛権は憲法の制約上、個別的自衛権よりも立派なものにはなりません。『何でもできる』ではなく、『必要最小限度』だけを認めるということでいいですか?」

礒崎が尋ねると、安倍は、

「ええ、それでいいですよ」

と答えた。思ったとおり、安倍は「限定容認」論者であった。

礒崎の頭の中には、〇四年当時、自民党幹事長だった安倍が、内閣法制局長官の秋山収と議論した国会でのやりとりがあった。

安倍は、

「**『必要最小限度』の範囲の中に入る集団的自衛権の行使は考えられるか？**」

と尋ねた。秋山は否定したが、礒崎は「ここが解釈変更のポイントとなる」と読んでいた。

安倍の思いを確認した礒崎は、すぐに行動に移す。

自身の執務室に戻ると、行使容認を検討する安倍の私的諮問機関「安保法制懇」の事務方を務めていた、官房副長官補の兼原信克らを呼び、こう指示した。

「**役所のほうもこれからは『必要最小限度』を集団的自衛権まで伸ばす方向で議論するように**」

一三年七月の参院選が終わって再開した安保法制懇の会合では、A４の紙一枚にまとめた「礒崎私案」を委員に配り、こう説明した。

「**個別的自衛権についても『必要最小限度』の制限があるので、集団的自衛権を認める時も同じような制限がかかるでしょう**」

「全面解禁」の考えが強かった安保法制懇に対し、水面下で「限定容認」の検討を進める流れができた。

しかし、最も難しい問題が残っていた。限定容認の幅をどこで線引きするべきか。

国際法を重視する外務省は、自衛隊が米国などの要請に応じて柔軟に対応できるように、なるべく広く認めたい。一方、憲法を重視する内閣法制局は過去の政府見解を踏まえて厳しい制約を課し、極めて限定的なものにしたい——。

両者の思惑は政府内の秘密会合で、激しくぶつかり合うことになる。

「総理は本当に全部やりたいのか？」

兼原信克　「日米同盟との関係上、集団的自衛権の行使容認が必要だ。これは総理の意向だ」
横畠裕介　「憲法改正をするなら別だけれども、今の憲法でできることは限られている」

国会に近い中央合同庁舎四号館の一一階にある内閣法制局長官室。二〇一三年九月から、六人の官僚による秘密会合が開かれていた。

その場で、外務省出身の兼原と内閣法制次長の横畠が、武力をどこまで使えるかという「限定容認」の幅をめぐって、互いの主張をぶつけあった。

秘密会合には、法制局から長官の小松一郎と横畠。首相官邸から兼原、高見沢将林《のぶしげ》の両官房副長官補。そして、外務省国際法局長の石井正文、防衛省防衛政策局長の徳地秀士。安全保障法制を担当する霞が関の責任者が勢ぞろいした。

六人は、「安保法制懇」の打ち合わせで集まった。議論はおのずと集団的自衛権の行使を認める閣議決定に向け、どう論理を組み立てていくかに移った。

外務省国際法局長も務めた兼原は、首相・安倍晋三の外交ブレーンの一人。安倍が掲げるスローガン「積極的平和主義」は、兼原が参事官だった〇九〜一〇年当時、早稲田大学での講義で使っていた言葉だ。

限定容認の幅をできるだけ広げておきたい兼原や石井ら外務省側は、集団的自衛権のみならず、国連決議に基づいて侵略国を制裁する「集団安全保障」でも武力行使ができるような論理を求めていた。

これに対し、横畠は、

「**従来の政府見解を踏まえた理屈を作らなければいけない**」

と反論した。

日米同盟や国際貢献を重んじる外務省と、憲法による歯止めをかけようとする法制局の全面対決の様相を呈した。

外務省出身者であり、法制局長官でもある小松は両者の議論を聞いていた。

過去の政府見解を踏まえた理屈を作ろうと決めていた。ただ、安倍自身が、集団的自衛権の行使をどこまでできるようにすることを望んでいるのか、小松はその真意を測りあぐねていたようだった。会合後、

「**総理は本当に全部やりたいと思っているのだろうか**」

と漏らすこともあった。

小松は、どのような要件を満たせば集団的自衛権を使えるようになるのか、法制局としての限定容認の考えをまとめるように、横畠に指示した。閣議決定に盛り込まれる新しい憲法解釈の原案となるものだ。それを安倍のもとに持ち込むつもりだった。

小松の指示を受けた横畠は、閣議決定の核となる「武力行使の新3要件」作りに着手する。横畠はすでに答えを解くカギを見つけていた。一九七二年の政府見解を使うことだった。

個別的自衛権に薄皮を被せた理論を突っぱねる

内閣法制次長の横畠裕介には、ある表現が頭の中に残っていた。

二〇〇七年五月、「安保法制懇」の初会合。首相の安倍晋三は、集団的自衛権の行使を認める必要性について「国民の生命、財産を守るため」と言及した。

当時、防衛法制担当の第二部長だった横畠はこの発言を聞き、一九七二年の政府見解の論理を使って、新しい憲法解釈を作ることができる、とにらんだ。

七二年見解は、

「国民の生命、自由及び幸福追求の権利が根底からくつがえされる」場合、日本は武力を使うことができる、

としている。

「国家」のみならず、より具体的に「国民」に焦点を当てているのが特徴であり、過去の政府見解の中で、武力行使に最も厳しい表現を使って制約をかけている。

安倍の発言をもとに、横畠は法制局長官の小松一郎と「国民の生命や財産が犠牲になる、という概念が必要ですね」と話し合った。この七二年見解の論理をベースに閣議決定を作れば、安倍の悲願と、従来の政府見解との整合性を両立させられると考えた。

横畠の考え方は、政府内から「個別的自衛権に薄皮をかぶせたようなもの。集団的自衛権とは言えない代物だ」と揶揄《やゆ》され、「薄皮理論」とも言われた。

小松は二〇一三年九月、横畠が作った閣議決定の肝となる「武力行使の新3要件」の原案を安倍に示した。

「我が国の存立が脅かされ、国民の生命、自由及び幸福追求の権利が根底から覆される」

しかし、この横畠案に対する安倍の反応は芳しいものではなかった。

「これでは狭すぎる」

安倍は、日本周辺だけではなく、海上交通路（シーレーン）の防衛でも、集団的自衛権を使えるようにしたいと考えていた。横畠案では、行使が限定されすぎてしまう懸念があった。

安倍の難色で、「根底から覆される」という最も厳しい後段の表現は削られることになった。ただ、安倍は七二年見解をベースに新3要件を作る方向は認めた。

年が明けた一四年二月の衆院予算委員会。

「(集団的自衛権の行使を)全体的に認めます、ということはないと申し上げたい」

安倍は初めて「限定容認論」の一端を明らかにした。

横畠はこれを聞いて、胸をなで下ろした。最も恐れていた「全面解禁」論が名実ともになくなったことを確信したからだった。

同時に、「根底から覆される」が削られた政府案の表現ぶりも、これからの自民、公明両党による協議の過程で変わっていくだろう、と見ていた。

それから四ヵ月後。公明党副代表の北側一雄の手を経て、その予感は現実のものとなる。

第二章 ブレーキ役か迎合か 翻弄される「平和の党」

山口那津男・公明党代表の質問を聞く安倍首相

「平和の党」代表の焦燥

「**安保法制懇の報告が出たら、政府の独断専行で結論を出すのではなく、必ず与党に投げてください**」

二〇一三年九月、首相官邸で公明党代表の山口那津男は、目の前に座る首相・安倍晋三に迫った。

安倍は小さくうなずいた。

安倍は、私的諮問機関「安全保障の法的基盤の再構築に関する懇談会」（安保法制懇）で、集団的自衛権の行使容認に向けた議論を本格的に進めようとしていた。集団的自衛権の行使を解禁させようとする安保法制懇の議論が、そのまま政府方針にならないよう、山口はクギを刺したのだった。

山口はこのころ、党幹部を集めてこう言い放った。

「**集団的自衛権は党の基盤にかかわる重大な問題だ。私はこれだけは妥協できない**」

山口は防衛政務次官も経験した安全保障政策の論客であり、集団的自衛権の行使容認は譲れない一線だった。

山口とはどんな人物か。

歴史的大敗を喫した〇九年衆院選で代表の太田昭宏が落選した。参院議員で政調会長の山口が、急遽《きゅうきょ》代表に担がれた。

創価学会の青年部長などを歴任し「プリンス」と呼ばれた太田に比べ、弁護士から政治家に転じた山口の学会人脈は細い。求められたのは誠実さ、さわやかさを生かした広告塔としての「党の顔」だった。実務の多くは、学会青年部副部長を経験した幹事長の井上義久が担うことになっていた。

だが、選挙で結果を出し、党首討論でも歯切れ良く追及する姿に、山口は次第に党内の実力者と目されるようになっていった。

山口は党内一の安保の専門家としての自負があった。衆院で初当選した一九九〇年にイラクがクウェートに侵攻した。湾岸戦争の終結直後、私費でクウェートに入り、現場がどんな支援を求めているのかを探った。ロケット弾や戦車が散乱し、黒煙で日光が遮られた街を回った。

戦場の現実を見てきた体験と自信が山口の一番の武器だ。安倍や安保法制懇の議論は理念が先行している、との違和感を持っていた。

山口は焦っていた。

安倍は二〇一三年七月の参院選で勝利すると、行使容認派の元外務省国際法局長の小松一郎を内閣法制局長官に起用した。安倍が本気で憲法解釈の変更に着手すると山口は直感した。

公明党幹事長代行の斉藤鉄夫は、議員会館の部屋に就任のあいさつに訪れた小松に党の考え方をぶつけた。

「憲法9条は平和を守る公明党の党是。解釈変更をして集団的自衛権を認めるのは簡単ではない」

小松は納得したそぶりを一切見せなかった。斉藤は怒りとも恐れともつかない思いを抱いた。党内にも危機感が広まっていた。

そんな時、安保法制懇の報告書が年内に取りまとめられるとの情報が駆け巡った。山口は一一月に再び安倍と対峙する。

「安全保障は大事なテーマだが、短兵急に進めると、国民は消化不良になりかねない。極力丁寧にやっていかれたほうがいい」

当時、開かれていた臨時国会では、安倍は外交・安保の司令塔となる日本版NSC「国家安全保障会議」の設置法案や、機密を漏らした公務員らの罰則を強化する特定秘密保護法案の成立に向けて突き進んでいた。ここに、集団的自衛権の議論を抱え込むのは、公明党として受け入れられない、と直訴した。

安倍は、

「**安保法制懇の報告書は春を目指してまとめていきたい**」

と、延期を受け入れた。

官邸のなかでは、年内にも、集団的自衛権の行使を認めるよう、憲法の解釈を変えるという動きがあった。

日本の外交・安全保障の中長期戦略として作る「国家安全保障戦略（NSS）」に書き込む案や、安倍が国会答弁で解釈変更を宣言する案などが検討されていた。

だが、NSSは閣議決定しなければならない。そうなれば、公明党に所属する国土交通相の太田昭宏の署名が必要だ。国会答弁で宣言する案でも、太田の姿勢が問われるだろう。首相の意向だけで解釈変更をしたとしても、集団的自衛権に慎重な姿勢を崩さない公明党の了解がなければ、政権内で意見が統一されていないことになる。結局、自民と公明による与党協議を経て合意を得るしかないという事情もあった。

安堵《あんど》した山口は、その一方で党内に指示を出す。

「**安保法制懇で議論していることをしっかりと理解し、来《きた》るべき与党協議に備えて力をつけておくように**」

そして、党のとりまとめ役として、ある議員に白羽の矢を立てる。

交渉役に指名された〝戦友〟

二〇一三年秋、公明党代表の山口那津男は、集団的自衛権の行使をめぐる党内のまとめ役と、自民党との与党協議の交渉担当という重責に、ある男を起用することを心に決めていた。

山口は、カンボジアの風景を思い起こしていた。

一九九一年、当時の国会は、陸上自衛隊を初めて海外に派遣するかの是非をめぐり、国連平和維持活動（ＰＫＯ）の議論が佳境を迎えていた。

その年の七月、公明党の有志四人が「カンボジア問題調査団」を結成。九〇年に衆院選で当選した同期で、ともに弁護士出身の山口と現副代表の北側一雄も入っていた。ＰＫＯ活動の一員として、自衛隊の派遣が求められているかどうかを調査するために現地へと飛んだ。

和平直前のカンボジアは電気もろくに通っておらず、夜の街は真っ暗だった。

いつ何が起こるか分からない危険を感じながら二人は車で移動し、内戦を繰り広げていた四派の幹部に直接会って話を聞いた。そこで、自衛隊のＰＫＯ参加が求められていることを実感した。

山口は、ともに危険な現場を歩いた北側だからこそ、自衛隊の姿を大きく変えてしまいかねない集団的自衛権の議論を託せると思ったのだ。

「集団的自衛権をやるのは北側さんしかいない」

山口は北側に直接、交渉担当を依頼した。

安倍政権は二〇一三年八月、戦後一貫して「集団的自衛権の行使は憲法上、認められない」としてきた内閣法制局のトップを代え、外務省出身で行使容認派の小松一郎を長官に抜擢《ばってき》した。

山口は北側に、

「国際法畑の小松さんが、国内法を仕切る内閣法制局のトップに来るのは異例だ。腰を据えて議論しなければならない」

との思いを託した。

一方、指名された北側にも驚きはなかった。

「党内で最も安全保障政策に精通している山口さんが代表に就いている以上、交渉には入れない。自分がやることになるだろう」

と感じていた。

山口はすぐに、北側の理論構築を支えることになる人物を北側に引き合わせた。内閣法制局ナンバー2の法制次長で、「エース」とも呼ばれていた横畠裕介だった。

山口と横畠は〇八年ごろから、さまざまな法案の議論で意見交換する関係になった。山口は、緻密《ちみつ》で、世の風潮に迎合することなく、あくまでも法理論を重視する横畠を信頼していた。

この三人の会談こそ、安倍晋三が突き進む、集団的自衛権の行使を認めるための憲法の解釈変更の中身を導き出していった、内閣法制局と公明党の初顔合わせでもあった。

そして、北側は横畠とは別に、欠かせない人物にも接触を図る。その人物は「もう一つの法制局」に属していた。

憲法解釈より個別事例を

衆議院法制局。国会議事堂の南側、道を挟んで敷地の外に立つ衆院第二別館に入っている。衆院議員が作る議員立法の補佐や助言を行うため、衆院議長の監督のもとに置かれた機関だ。定員八二人の法律の専門家などからなる。

二〇一四年一月、衆院法制次長の橘幸信に連絡が入った。

「**集団的自衛権の解釈変更についてレクチャーをしてほしい**」

依頼主は、公明党副代表の北側一雄だった。

橘は、衆院法制局のなかで、憲法の解釈に最も精通していた。二〇〇〇年から、憲法改正に向けた課題などを議論する衆院憲法審査会の前身組織、衆院憲法調査会に事務局として携わっていた。

北側は一三年秋、衆院憲法審査会の幹事になっており、それ以来、憲法に関する問題で意見交換する関係になっていた。

集団的自衛権の行使容認に突き進む安倍政権に対する理論武装のため、北側は、内閣法制局の横畠裕介とともに、衆院法制局の橘という、二人の法制次長を相談相手に選んだのだ。

「憲法解釈の議論ではなく、個別事例に落とし込んで防衛政策の議論にしたい」

北側は橘に秘策を打ち明けた。

念頭にあったのは、首相・安倍晋三の私的諮問機関「安保法制懇」の議論だ。安保法制懇は、米艦船に対する攻撃への応戦と、米国に向かう弾道ミサイルの迎撃などの具体例を持ち出して、集団的自衛権の行使が必要だとしていた。

具体例の議論に持ち込めば、集団的自衛権を行使するまでもなく、個別的自衛権や警察権で対応できるのではないか。

憲法解釈の変更という政治的に大きなリスクを背負うことなく、安倍のやりたいことが現行法の改正によって実現できる――。北側はこう考えていた。

北側は政調会長として、テロ特措法やイラク特措法の成立に携わった。当然、支持母体である創価学会が自衛隊の海外派遣に慎重なことも身をもって知っている。

「うちの支持者も理解しやすい」

と、橘に打ち明けていた。

北側は、公海上で自衛隊と共同訓練している米艦船が攻撃された場合については、これは日本への攻撃の着手にあたり、個別的自衛権での対応が可能ではないかと考えていた。橘は、

「過去の政府答弁から、そういう可能性は十分にありうると思います」

と助言した。

その一方で、橘はこうも付け加えた。

「首相は集団的自衛権をやりたい。個別事案にこだわっていないのでは？　かみ合った議論にならないと思います」

これまでの政府の憲法解釈では集団的自衛権は認められないという公明党の立場は、安倍とは相いれないものだった。解はなかなか見つからなかった。

連立離脱の〝封印〟が波紋

「平和」を党是とする公明党にとって、二〇一四年は結党五〇年という特別な年だ。しかし、代表の山口那津男の心中は穏やかではなかった。

一三年一月二五日、山口は中国を訪問し、総書記の習近平と会談した。

「**池田大作（創価学会）名誉会長から直々に、くれぐれもよろしくとの伝言を預かってきた**」

と支持母体のトップの言葉を伝えた。両国の関係改善の地ならしを果たし、結党五〇年につなげようとした。

しかし、年も押し迫った一二月二六日、首相の安倍晋三が靖国神社に参拝。直前に安倍から電話を受けた山口は、

「**賛同できない**」

と止めたが、

「**賛同いただけないとは思います**」

と受け流された。山口が「顔に泥を塗られた」（党幹部）と感じたのは想像に難くない。

そして、節目の年を迎えた一四年一月二四日に通常国会が開会した。
安倍は施政方針演説で、

「集団的自衛権については、安全保障の法的基盤の再構築に関する懇談会（安保法制懇）の報告を踏まえ、対応を検討していく」

と宣言。第二次安倍内閣が発足以来、初めて「集団的自衛権」の言葉を使って意欲を見せた。
安倍の言葉は続く。

「政策の実現を目指す責任野党とは柔軟かつ真摯《しんし》に政策協議を行っていく」

山口には、集団的自衛権に積極的な日本維新の会やみんなの党と議論を進めるぞ、との揺さぶりに聞こえた。山口は怒りを抑え、自分に言い聞かせた。

「売り言葉に買い言葉で『さよなら』と連立離脱になってしまえば、政府の歯止め役がいなくなる」

演説後、山口は記者団に、

「政策的な違いだけで（連立）離脱などとは到底考えられない」

と語った。

山口には、集団的自衛権の行使を認めるかどうかを議論する自公の与党協議は、この国会中にはまとまらず、結論を先延ばしできるという強気の読みがあった。一三年一一月に安倍に直談判し、安保法制懇の報告書を先送りさせることができたことも頭にあった。

しかし、この発言が波紋を呼ぶ。自民に対して切り札となる「連立離脱」を早々と封印してしまったため、自民から、

「**公明は最後は折れる**」

と足元を見られるきっかけとなった。

山口の発言を聞いた公明党幹事長の井上義久は、

「**どんな結論が出るかまだ分からないのに。正直なんだ、代表は**」

と漏らした。

一四年一月二九～三〇日に衆参であった代表質問で、各党が集団的自衛権について安倍に質問するなか、質問に立った井上も山口も一切触れなかった。山口は、

「**首相も演説では中身にまったく触れていなかった**」

と平静を装った。

ただ、こうした執行部の先延ばし戦術に、党内の若手議員を中心に「これでは支援者に説明で

きない」との不満が渦巻いていた。

国会開会日の前に開かれた党両院議員懇談会では、当選一回の参院議員、平木大作が、

「党内でも勉強を始めたほうがいいのではないか」

と訴えた。

山口は淡々と告げた。

「まずは自分で勉強してください。こちらからわざわざ集団的自衛権の議論をしなくてもいい」

第三章 正当化への切り札「高村カード」と「砂川判決」

主役3人。右から安倍首相、高村正彦・自民党副総裁、北側一雄・公明党副代表

スーパー政府委員の称号

二〇一四年二月、安全保障を担当する官僚の間に、ある議事録が出回った。

議事録に登場する自民党副総裁の高村正彦によれば、週一回のペースで高村が主宰する私的な勉強会に関するものだ。元外相の川口順子《よりこ》のほか、岩屋毅《たけし》ら国防族の議員が参加し、説明役として官僚も出席する。

議事録には「国家安全保障基本法」に関する議員らの会話が記されていた。

「首相官邸は、基本法の制定にやる気はないですね」

高村は「雑談」というが、私的な勉強会の雑談でさえ記録され、瞬く間に霞が関に広がる。政治家の考えを忖度《そんたく》しながら行動する、官僚の習性をよく表している。

国家安全保障基本法は、自民党が政権に返り咲いた一二年の衆院選で公約に掲げていた。集団的自衛権の行使を全面的に解禁し、

「集団的自衛権で何ができるか」

を定めるという法律だ。

議事録には、国防族の一人が、

「幹事長がやる気があります（笑）」

「幹事長」とは、その場にいない石破茂のことだった。このときすでに、安倍は安保基本法ではなく、憲法解釈を変更して限定的に集団的自衛権を認めるつもりだった。だが、石破は安保基本法にこだわっていた。

議事録はこう続く。

「どうやって石破さんを説得するんだ」

そう聞いた高村に、ある議員が言った。

「副総裁の役割です（笑）」

高村は頭の回転の速さは政界一と言われる。日常のやりとりからそれは見て取れる。自民党前総裁の谷垣禎一は高村との二つのエピソードを覚えている。

一つは、竹下登、宮沢喜一、安倍晋太郎の三人が、首相の座を争った一九八七年秋の自民党総裁選。

宮沢派だった谷垣は、地元京都のマツタケを持って、総裁選の候補を出していない河本派の高村を訪ね、宮沢支援を求めた。高村は即座に言った。

「このマツタケが総裁選にまつわる生臭いものか、友情に基づく、すがすがしいものか。来年また、くれるかどうかで決まるね」

もう一つは、若手議員のころ高村らとポルトガルに外遊した時だ。四〇度の暑さのなか、バスを待つ一行。谷垣は一つだけあった木陰のイスに座った。日差しが照りつけるイスに座った高村が言った。

「政治家は常に日の当たるところにいないといけないよ」

高村は、言葉どおり、日の当たるポストを歩み続けた。経済企画庁長官、二度の外相、法相、防衛相。能力の高さを歴代首相らが求めた結果だ。一九九九年の周辺事態法案の審議。外相だった高村は、政府委員として答弁に立つ官僚よりスラスラと答え、野党を論破し、「スーパー政府委員」と言われた。

そんな高村と安倍は、集団的自衛権に関して、以前から歩調が合っていた。

九九年、若手だった安倍は、当時外相だった高村に国会で質問している。祖父の首相・岸信介が六〇年に答弁した、

「憲法は自衛隊が外国まで出かけて、その国を守る典型的な例は禁止しているが、集団的自衛権はそういうものだけではない」

との発言について、見解を求めた。

高村はこの時、自衛隊が他国の領土まで出かけて戦うような実力行使を、集団的自衛権の「中核的概念」と説明。それは憲法で禁じられているとした。

二人は当時すでに、「中核的概念」に含まれないものなら、憲法上認められる集団的自衛権の行使はありうるということを確認していた。

実際、二〇〇六年には、官房長官として、安倍は、

「岸答弁に重なる中核概念を、(九九年に)高村大臣が説明した。憲法の制約の中で、何が可能かは常に研究していくことが大切」

とも答弁している。

また、自民党が野党だったころの党憲法改正推進本部では、高村が、

「集団的自衛権をまるまる認める場合は憲法改正が必要だが、国の存立を全うするために必要な自衛権の範囲で言えば、集団的自衛権は最高裁が認めている」

と限定容認を主張した。

安倍はその場で、

「根っこから変えるときは改正が必要だが、必要最小限の範囲であれば、改正は必要ないということですね」

と絶賛した。

安倍は、集団的自衛権の行使容認を成し遂げるために乗り越えなければならない大きな壁・公明党との交渉役として、安全保障の専門家を自負する幹事長の石破茂ではなく、「高村正彦」というカードを切ろうと心に決めていた。

それは、考えが同じ「限定容認」だったからだけではない。信頼感もあった。

安倍が自民党総裁に返り咲いた一二年九月の総裁選。石破が安倍と争う一方、高村はいち早く安倍支持を表明した。安倍は高村を副総裁にした。

高村と石破。安倍との距離が決定的に違っていた。

「私が決めることだ」

二〇一四年三月六日、安倍は自民党幹事長の石破茂を官邸に招き入れた。

石破は安倍に、

「**集団的自衛権への思いは私も総理も一緒だ。しかし、公明党の反発は強い。早まらないほうがいい**」

と申し出た。

安倍は表情を曇らせた。

自身の私的諮問機関「安全保障の法的基盤の再構築に関する懇談会」（安保法制懇）から報告書を受け取る時期を模索していた。報告書が提出されたら速やかに自民、公明両党による与党協議の開始を命じ、夏までには閣議決定に持ち込む——。

そんなスケジュールを描いていた安倍は、

「**報告書をもらってグズグズしていたら、笑われる**」

と意気込んでいた。その矢先、石破が異論を唱え、閣議決定の先送りを訴えてきたのだ。

安倍は、石破について公明党に配慮しすぎていると感じていた。閣議決定に向け、公明党との難しい交渉を任すことはできないと改めて確信した。安全保障の専門家だけに細かい政策論に陥りがちな石破よりは、北側と同じ弁護士でもある高村のほうが、スムーズに協議が進むとの見立てもあった。

「**私が決めることだ**」

安倍は石破の意見を一蹴、自民党内の意見集約に専念させることにした。

その四時間後、安倍は高村を官邸に呼んだ。

「**公明党との折衝は高村さんにやってもらう。相手は、北側さんです。党内のとりまとめは、石破さんにお願いしておきました**」

安倍は、集団的自衛権の行使容認に向けて、内閣法制局と公明党という二つの大きな障害を乗り越えるべく、「小松一郎」に続き、「高村正彦」という二枚目のカードを切ったのだった。

最初の与党協議「3＋3」

安倍が、公明との協議のとりまとめ役に自民党副総裁の高村正彦を指名した約五時間後、自民、公明両党の幹部六人が都内の帝国ホテルに集まっていた。

自民側は高村、幹事長の石破茂、元防衛庁長官の中谷元《げん》。公明側は代表の山口那津男、幹事長の井上義久、副代表の北側一雄。時計の針は七時半を指していた。夕食は用意されていない。緊張感のわけは、この会合が事実上、集団的自衛権の行使容認に関する最初の与党協議だったからだ。両党の出席者の数から「3＋3」（スリー・プラス・スリー）と呼ばれた。

両党幹部はそれぞれの見解を述べた。

石破　「集団的自衛権と集団安全保障については国際法上認められている。これを憲法9条が否定しているわけではない」

北側　「石破さんの考えでは、これまでの憲法解釈との整合性が取れない。そこまでやるなら憲法改正するしかない」

北側の意見は、公明党の立場そのものだったが、石破は首をかしげ、不満そうな表情を浮かべた。

3＋3は石破、井上の両幹事長の呼びかけで設けられた。

集団的自衛権に関する論点を整理しないうちに与党協議を開始すれば、メディアは「自公に溝」と大きく書くだろう。与党協議に向けた環境整備を目的とした会合だった。

公明のメンバーには代表の山口が入っていた。格で言えば、釣り合うのは自民党総裁の安倍のはず。極秘会合とはいえ、党の代表が話し合いに参加したとなれば、行使容認に向けて落としどころを模索し始めたとも取られかねない。にもかかわらず、山口は自ら進んで出席することを選んだ。

山口は当選以来、安全保障政策に携わってきた。一九九〇年の衆院国連平和協力特別委員会で、自衛隊を初めて海外出動させる国連平和協力法案が審議された。

山口は決して反対ではなかった。だが、明確な基準がない限り、なし崩し的に自衛隊の活動が広がるとの懸念を持っていた。

「武力行使と一体になるとはどういうことを指すのか。協力隊が運んだ弾薬が一ヵ月後に武力行使に使われれば一体ではないか」

この指摘に政府は明確な判断基準を示せず、同法案は廃案に追い込まれた。

党の代表であると同時に安保の専門家。二〇一三年九月には、安倍に対し、必ず与党の協議を経たうえで閣議決定するよう約束させた張本人でもある。

「国連平和協力法案から一貫して議論してきた経験者の生き残りは私しかいない。この経験をきちんと引き継がないといけない。接ぎ木というわけにはいかないんだ」

と思っていた。

山口は、自公の協議にどれだけかかわるべきか悩み続けた。

3＋3では、両党の溝の深さがより浮き彫りになっただけだった。

「悪代官」と「越後屋」

自民党と公明党の考えの違いが際だった最初の与党協議「3＋3」。

その六日後の二〇一四年三月一二日、公明党との交渉役を務める自民党副総裁の高村正彦は、前副総裁の大島理森《ただもり》の部屋にいた。

「注意深い楽観主義者」と自称する高村は、公明党代表の山口那津男も副代表の北側一雄も説得できると踏んでいた。

二人とも自分と同じ弁護士で、安全保障政策にも理解がある。日本の存立が脅かされる時に限って集団的自衛権を行使できる「限定容認」の理論を理解してもらえるに違いない――。

一方、公明党議員には、憲法の解釈変更が戦争につながるのでは、という不信感が根強い。「理」だけで公明党を説き伏せることはできない。「情」も使って公明党の警戒心を解かなければ――。

高村が狙いを定めたのが、公明党国会対策委員長の漆原良夫だった。信望が厚い漆原が納得すれば、ほかの議員も分かってくれるはず、という読みだった。

漆原と、自民党で最も絆が深いのが大島だ。二人は第一次安倍、福田、麻生の三つの政権で、国対委員長だった。

当時は衆参で与野党逆転の「ねじれ国会」。国会運営の方策を練る苦労が二人の間を縮めた。そして、親密さと容姿から、大島を「悪代官」、新潟出身の漆原を「越後屋」と、それぞれが呼び合う仲に。

「おぬしも悪よのぅ」

国会運営の方策を思いつくと、大島が漆原に冗談を飛ばすこともあった。

高村は大島に懇願した。

「あなたには人に寄り添う能力がある。集団的自衛権の問題で何かあったら、漆原との仲を頼みたい」

派閥を高村から譲り受けた関係でもあり、大島は、

「分かりました。公明党の考え方を率直に聞いておきますよ」

と引き受けた。

大島はさっそく漆原を訪ねた。漆原は大島の顔を見るなり「ありがとう」と礼を述べた。

漆原は、集団的自衛権の解釈変更に慎重だった。一四年二月二五日付のメールマガジンで、

「**総理の考えは、『国民の声を聴く』という一番大切な部分が欠落しており、私は、到底賛成できない**」

と首相・安倍晋三を批判した。

その数日後、大島は記者団に、

「**憲法の解釈の問題に国会がどうコミットするか、立法府の見識として各党が考えないといけない。そういうことを漆原さんは話されたのではないか**」

と擁護していた。

大島は、高村との話を伝え、近く自公で会食を持つことを決めた。

その夜、国会にほど近い都内のホテルであった全国土地家屋調査士政治連盟の懇親会に、高村が顔を出した。すると、会場にいた漆原が笑顔で視線を送ってきた。高村は笑顔を返しながら、こう察知した。

「**さっそく大島は連絡を取ってくれたんだな**」

動き出した寝業師

二〇一四年三月一二日、自民党前副総裁の大島理森は、副総裁・高村正彦から公明党との関係を築く「潤滑油」としての役割を頼まれた。その日から、大島は水を得た魚のように精力的に動き出した。

まず、盟友関係にある公明党国会対策委員長の漆原良夫に会って、自公の顔合わせをする会合の段取りをつけた。それから、公明側の交渉役となっていた副代表の北側一雄にも電話を入れた。

「珍しいことに、高村さんが俺のところに来て、頼み事がある、と。こんなことは初めてなんじゃ」

三木武夫に由来する派閥を、高村から引き継いだ関係とはいえ、プライドの高い高村が、大島に助けを求めることはめったにないことだった。

大島は続けた。

「集団的自衛権の難しい話は分からないが、もし、自公の交渉が暗礁に乗り上げたら、メシでもセットしますから」

大島は、公明党の北側、漆原に幹事長の井上義久を加え、会合をセットした。

大島から、そのことを伝えられた高村は、

「**私も行くよ**」

と言ったが、大島は、

「**まあ、最初は私が率直に公明党の意見を聴いてきますよ**」

と制した。

自民の石破茂、公明の井上という両幹事長が主導して開いた、三月六日の「3＋3」は、両党の考え方の違いばかりが浮き彫りになり、正式な与党協議に向けた環境整備を果たせなかった。その代わりに、「政界の寝業師」とも「自民党公明派」とも呼ばれる大島が腰を上げたのだ。

三月中旬、都内での会合で、大島は公明の本音を聞き出そうとした。井上は、自公による協議の進め方について、

「**大人数の場はやめてほしい**」

と訴えた。

大島は大きくうなずきながら、

「**2＋2（ツー・プラス・ツー）でやったらどうですか**」

と提案した。

2＋2となった場合、自民側は副総裁の高村と幹事長の石破、公明側は副代表の北側と幹事長の井上が想定されるのは明らかだった。

大島も、井上と同様に少人数での協議の必要性を感じていた。首相の安倍晋三は、集団的自衛権の行使を容認する閣議決定について、六月に会期末を迎える通常国会中の憲法解釈の変更を期限と考えていた。

国会の法案審議など運営を切り盛りする国会対策委員長を計四年も務めてきた経験から、

「**この問題は中身でなく、スケジュールや人選など進め方が大事だ。大人数で議論してもまとまらない**」

と読んでいたのだ。

大島は頭の中に日程を描きながら、高村と北側の仲を取り持つ重要な会合を三月二五日にセットする。

交渉担当二人の擦れ違い

自民党前副総裁の大島理森が、与党協議のキーマンを引き合わせる舞台に選んだのは東京・白金台のホテルだった。

「ここなら絶対にマスコミにばれない」

政治家は密会に国会周辺のホテルを使うことが多い。

二〇一四年三月二五日。この日の夜は、わざわざ国会議事堂から五キロ近く離れたホテルを選んだ。ところが、不運にも別の政治家の会合と重なり、ホテルは記者であふれていた。

大島と自民党副総裁の高村正彦、公明党副代表の北側一雄と同党国会対策委員長の漆原良夫の四人は、目立たないよう地下からホテル内に入った。

四人がテーブルを囲む。大島が提案した。

「高村さんと北側さんで実質的な協議を進めたらどうですか」

高村と北側は弁護士資格を持つ。約二ヵ月後に始まる与党協議でそれぞれ座長、座長代理に就くことになる。大島は以前、公明党幹事長の井上義久から言われたとおり、少人数の話し合いにするよう求めた。

ところが、会話が進むなか意外なことが分かった。高村と北側は互いの携帯電話の番号を知らなかった。

「**非常に難しい問題で、それぞれ党内手続きもあり、いろんな変化が起きてくる可能性がある。二人でよく連絡を取り合えるようにしたらどうでしょうか**」

大島が促し、高村と北側は携帯電話の番号を教え合った。ただ、携帯番号を交換すれば、ことがうまく進むわけではない。

北側は、高村が盛んに取り上げていた「砂川判決」に神経をとがらせていた。

砂川判決は、東京都砂川町（現立川市）の旧米軍立川基地の拡張に反対する七人が基地に入り、日米安保条約に基づく刑事特別法違反に問われた一九五九年の最高裁判決。

「**自衛権は何ら否定されたものではない**」

「**（日本の）存立を全うするために必要な自衛のための措置をとりうる**」

とし、歴史上、唯一自衛権に触れた最高裁判決だった。

高村は、日本の存立を全うするために必要な最小限度の自衛権について、

「集団的自衛権は排除されていない。『集団的』と名がつけば、一切合切ダメとする従来の憲法解釈に論理的な必然性はない」

と主張。必要最小限とみなせる事例があれば、砂川判決と「合わせて一本」で憲法上認められると訴えていた。

この見解に、北側は否定的だった。電話番号を交換した二日後、記者団に、

「砂川判決は、日本の米軍の駐留の違憲性が問題になった。判決の傍論の中で言っている言葉を（高村は）取り上げている」

と語った。

高村は官房長官の菅義偉《すがよしひで》に愚痴をこぼしている。

「交渉相手は、本当に北側さんでいいのか」

北側も周囲に漏らす。

「高村さんは『法理、法理』と言うばかり。こちらも法理で応じるしかない」

自公はこの後、砂川判決の法理をめぐり、激しくせめぎ合うことになる。

「裏法制懇」が膝を打った砂川判決

一九五九年の「砂川事件」の最高裁判決。自民党副総裁の高村正彦が口にし始めたのは、二〇一四年の年明けごろ。実はこの半年以上前から、ある秘密の会合で注目されていた。

その会合は一三年春から夏にかけて、東京・内幸町の帝国ホテルで数回開かれた。

「どうやって内閣法制局の理論武装を崩したらいいのか」

それが会合の最大のテーマだった。

メンバーは、首相・安倍晋三の私的諮問機関「安保法制懇」のうち、座長代理の国際大学学長・北岡伸一ら数人。事務方として、外務省出身の兼原信克、防衛省出身の高見沢将林の両官房副長官補らが同席。言うなれば、「裏法制懇」だ。

安保法制懇は安倍が第一次内閣で作ったが、安倍の退陣で頓挫。第二次安倍内閣が発足した後の一三年二月に再開された。

会合では、大量の資料が示された。参加者の一人は、

「内閣法制局を打ち負かすために使えそうなデータを何でも集めている」

と感じた。

主に資料を示したのは兼原だった。兼原は国際法に強く、官房副長官補に就く直前まで外務省の国際法局長を務めていた。裏法制懇は、

「**集団的自衛権は使えない**」

という憲法解釈を守る内閣法制局に対し、外務省系勢力が理論武装するための場でもあった。

外務省は、

「**自衛隊の海外での活動範囲を広げることが日本の国際的な地位向上につながる**」

として、集団的自衛権の行使容認の最大の推進力となっていた。

ただ、集団的自衛権の行使を認める国連憲章などを持ち出しても、内閣法制局から「国際法と憲法は違う」と跳ね返されてきた苦い歴史がある。

そんなか裏法制懇が、大量の資料の中から、着目したのが砂川判決だ。

日本の自衛権について最高裁が判断した唯一のもので、

「**（日本の）存立を全うするために必要な自衛のための措置をとりうる**」

という判決を、裏法制懇では、

「**集団的自衛権を否定していない**」

と解釈した。

「**これだ！　法制局の『上位』にあたる最高裁の判決を持ち出すしかない**」

と出席者は一致した。

同じように憲法解釈を担う最高裁と内閣法制局。内閣の一部局にすぎない内閣法制局に比べれば、三権の一角を担う最高裁は「上位」機関との見立てだ。

外相経験者の高村が、外務省から砂川判決を入れ知恵されたとの見方もあるが、高村は、

「**砂川判決が集団的自衛権を排除していないという内容は、昔から知っていた**」

と、その見方を否定する。

真相は定かではないが、裏法制懇も高村も注目した砂川判決は、打ち倒すべき本丸の内閣法制局や公明党に対してではなく、高村の足元を固めるうえで意外な力を発揮することになる。

「勝負ありましたね」

二〇一四年二月二一日。ふだんは「シャンシャン」で終わる自民党の総務会。この日は不満が噴出した。

首相の安倍晋三が前日の衆院予算委員会で、集団的自衛権の行使容認について、

「**閣議決定して案が決まったら（国会で）議論いただく**」

と答弁。党内議論を飛び越して閣議決定に触れたため、ベテラン議員たちから、

「**慎重に議論するべきだ**」

との声が出たのだ。

総務会は党の最高意思決定機関だ。政府が提出する法案は、党の部会や政務調査会で議論したうえで、総務会に諮って初めて国会に提出できる。政権と党のバランスを図る機能だ。

行使容認に突き進む安倍の姿勢に危うさを感じる議員が総務会で慎重論をぶった。見かねた総務会のメンバーである、党税調会長の野田毅《たけし》が、総務会長の野田聖子に、

「**総務懇談会が最近、開かれていませんね。自由討議をしましょう**」

と提案した。

総務懇談会は、党を二分するような問題について、総務会にかける前に話し合う場だが、開催は実に九年ぶり。小泉政権の〇五年に郵政民営化問題が議論されて以来だった。

三月一七日、国会内の会議室。


「憲法の『平和主義』に抵触する」

「観念論ではダメだ」


相次ぐ慎重論を副総裁の高村正彦は静かに聞いていた。

しかし、ある出席者の、

「立憲主義を理解しているのか」

という言葉に、高村は黙っていられなくなった。

「立憲主義は権力を縛ることだ。憲法は立憲主義を制度的に担保するために、三権分立を決めた。では『憲法の番人』の最高裁が自衛権について何て言っているのか知っているか」

高村は最高裁の砂川判決を引き、

「自衛権を個別と集団に区別せず、国の『存立を全うするために必要な自衛の措置はとりうる』

としている。これが最高裁が自衛権について述べた唯一の判決だ。最高裁が言っている範囲なら、内閣が変更しても立憲主義に反しない」

と一気にまくし立てた。懇談会後、数人の総務が高村に近寄り、ささやいた。

「**勝負ありましたね**」

二週間後、自民党の「安全保障法制整備推進本部」の初会合が開かれ、集団的自衛権の議論が党内で正式に始まった。が、すでに異論は消え去っていた。

次の難関は、党リベラル派を代表する派閥「宏池会《こうちかい》」の領袖《りょうしゅう》を務め、政界引退後も野田聖子らの議員に影響力を保つ元幹事長の古賀誠だ。

「**右傾化している人が集団的自衛権を行使したら、地球の裏側の戦争にまで巻き込まれる**」

などと安倍批判を続けていた。

四月三日、野田毅の議員会館事務所に、高村と古賀が外交問題を話し合うために集まった。最後に高村が古賀に尋ねた。

「**集団的自衛権、いいんだろ?**」

古賀は、

「**最後はね**」

矛を収めた古賀の思いを党幹事長経験者が代弁する。

「集団的自衛権で、党内の『反安倍』議論が盛り上がらないと見て、引いたんだろう」

高村は砂川判決で自民党を平定した。

退場させられた「平和の党」代表

国会に近い「ANAインターコンチネンタルホテル東京」に二〇一四年四月三日、自民党の副総裁・高村正彦、幹事長・石破茂、元防衛庁長官・中谷元、公明党の代表・山口那津男、副代表・北側一雄、幹事長・井上義久の六人が集まった。

集団的自衛権をめぐる実質的な協議「3＋3」の二回目の会合だった。

夜の帝国ホテルの初会合から場所も時間も変えた。しかし、食事が出なかったこと、そして、緊張感に包まれていたことは一回目と変わらなかった。

話題に上がったのは、やはり、高村が「限定容認論」の根拠として持ち出していた砂川判決だった。

山口が正面に座った高村に指摘する。

「**砂川判決は、集団的自衛権が問題になった判決ではないじゃないですか**」

砂川判決は一九五九年の最高裁判決であり、自衛隊が発足した五四年からまだ間もない。弁護士でもある山口は、

「自衛隊そのものが憲法違反であり、日米安保体制が憲法違反という人も多かった時代。到底、集団的自衛権のことまで視野に入れた判決だとは思えない」

と感じていた。

しかし、高村も集団的自衛権が排除されているわけではない、との主張で引かなかった。互いの意見が平行線をたどるなか、山口はケリをつけるように、

「砂川判決をもとに集団的自衛権の行使を認めるのは厳しいですね」

と言った。

これから始まる「表」の与党協議に向けた環境整備を目的とした3＋3だったが、自公が意地を張り合う場と化していた。

石破は「国家安全保障基本法」をまだあきらめきれず、高村は砂川判決をもとに「限定容認論」を強調する。山口も妥協を探る姿勢はみじんもない――。

北側は、高村と山口のやりとりを聞きながら、

「これを繰り返していても、まとまらない。これ以上やっても意味がない」

と悟った。

この北側の思いは予期せぬ形で現実のものとなる。

その夜。NHKがニュースで、ホテルに入る石破や山口の映像を流し、自民、公明による与党

協議が始まったと報じたのだ。

動揺したのは公明だった。党代表の山口が入った形での自公の極秘会合は、公明が行使容認に向けて妥協を模索し始めたと思われかねない。

ニュースを見た井上は石破に連絡した。

「これ以上、続けるのは無理ですね。後は北側さんと高村さんにやってもらいましょう」

誰かがマスコミに漏らしたことは間違いない。信頼関係が崩れた３＋３を続ける理由はなかった。

そして、井上は山口にも会った。

「党首は最後の切り札だ。見守っていてください。なんかあった時には出てきてもらいますから」

交渉から身を引け、という事実上の「退場宣告」だった。

公明随一の安全保障政策通だった山口は、３＋３の崩壊とともに与党協議の場から姿を消した。

「安保屋」石破も無念の離脱

自民党幹事長の石破茂はなかなか寝つけなかった。

非公式の会合の存在が報道機関に漏れたことに、石破の怒りが爆発していたのだ。自身が主導した「3＋3」は崩壊した。

「閣僚も四年やった、幹事長もやった。このまま終わってもいい」

投げやりな感情さえ抱いていた。

嫌な予感はあった。

前日の二〇一四年四月二日夜、公邸で石破は首相の安倍晋三、自民党副総裁の高村正彦と向き合った。

石破は安倍に自分の考えを述べた。

「『安保法制懇』の報告書を受けて順次、法整備をするという方法もあるのではないですか」

それは、閣議決定の先送りを意味した。幹事長は選挙の全責任を負う立場であり、パートナー・公明党との関係を重視していた。石破は、一四年一一月の沖縄県知事選や一五年春の統一地方選に影響しないよう、集団的自衛権の行使を認める閣議決定の先送りを視野に入れていた。そのうえで、尖閣諸島という懸案に対処する「グレーゾーン事態」の法整備だけ早期に行うのが落としどころだと踏んでいた。

しかし、安倍は、

「**安保法制懇の報告書が出たら閣議決定をしたい**」

とまったく譲らなかった。

石破は、

「**閣議決定文から『集団的』という言葉を外してはどうですか**」

と食い下がったが、安倍は、

「**集団的という言葉は必ず入れる**」

と相手にしなかった。

そして、安倍はこう付け加えた。

「**その後の順番は、お任せしますよ**」

とにかく閣議決定はやる。それに伴う安保関連法案の法整備は党に任せる、という指示だった。

石破は折れるしかなかった。法整備で主導権を握ることができれば、安保専門家としてこだわってきた「国家安全保障基本法」提出の可能性は残る。「グレーゾーン事態」の法整備を先行させて時間を稼げば、統一地方選への影響も避けることができるかもしれない――。そんな計算も働いた。

幹事長という首相を支える立場で、安倍に真っ向から反対することへのためらいもあった。石破は一九九三年、宮沢内閣の不信任決議案に賛成して自民党を飛び出したことがある。二〇〇九年には、閣僚にもかかわらず麻生太郎首相に解散を迫った。

「**俺は二度も組織に刃向かった。とっくの昔にこの世界から追い出されていてもおかしくない。幹事長をやっているだけでも、ありがたいと思わなければ**」

公明党幹事長の井上義久と二人でひそかに主導してきた3＋3は頓挫した。

「安保屋」の石破は、集団的自衛権の交渉の場から姿を消すことになる。

人情派が模索する「落としどころ」

砂川判決をめぐり、自民党副総裁の高村正彦と公明党副代表の北側一雄が、マスコミを通じて牽制《けんせい》し合っていた時だった。

「越後屋」こと、公明党国会対策委員長の漆原良夫は、議論の行く末を案じていた。最小限の自衛の措置として集団的自衛権は排除されていないと訴える高村に対し、

「**あくまで個別的自衛権を念頭においた判決だ**」

と抗する北側。高村が意図的に空中戦を仕掛けていることを知るよしもない漆原には、自公の違いばかりが浮き彫りになり、

「**神学論争に陥っている**」

と映っていた。

この状況を打開しなければ——。漆原の足が向かったのは、盟友で「悪代官」と呼ぶ自民党前副総裁・大島理森のもとだった。

漆原は、自身と大島、そして、自民党前総務会長代行の二階俊博の三人を「絶滅危惧種」と呼

んでいた。

エリート議員にありがちな、政策の論理的な是非ばかりに議論が集中してしまうのではなく、「人情」を通じて互いの落としどころを探っていく。相手の立場を考え、時に主張を曲げることもいとわない。そんな古いタイプの政治家がずいぶんと減ってしまった。ただ、この集団的自衛権をめぐる交渉では「絶滅危惧種」の出番がまだ残っているとも思っていた。

二〇一四年三月下旬。大島と漆原は、衆院議員会館九階の漆原の部屋で話し合った。

空中戦の現状を憂える気持ちを漆原は吐露した。大島は、

「うるちゃんの考えは分かった。いま言ったことを紙にまとめてくれんかのう」

と提案した。

「私の考え」

漆原は自身がまとめたA４判一枚の紙に、こうタイトルをつけて、大島に手渡した。

個人的な考えを紙に残すことは、マスコミに報じられる可能性があり、リスクを伴う。誰が書いたのか分からないよう、名前は記さなかった。

「この問題で自民、公明の連立関係を壊すようなことがあってはならない」

まず、安定政権が国民に求められているなか、自公連立の崩壊につながるような予見を持たせてはならないとの思いを込めた。

このあと、

「戦後、長く憲法解釈を変えてこなかった、安定性、継続性の問題がある」

「集団的自衛権を認めるという抽象的な議論ではなく、細かな事例が必要」

「グレーゾーンと自衛権の問題を切り離して議論が必要」

「安全保障政策の問題と憲法上の問題を切り離しての議論が必要」


と記した。国対委員長らしく、今後の与党協議の議論の道筋なども示した。

この紙を受け取った大島は、高村に渡した後、官邸にも届けた。

以降、砂川判決をめぐる議論は徐々に沈静化していき、集団的自衛権を行使しなければならない具体的事例をめぐる攻防に移ることになっていく。

かすかな望み

「**砂川判決は、もう言わなくていいでしょう。空中戦になりますから**」

二〇一四年四月一六日、自民党前副総裁の大島理森は、副総裁の高村正彦に助言した。集団的自衛権の行使を認める理論として、高村が持ち出した「砂川判決」は、自民党を抑え込むことに効果を発揮したが、公明党には反発をもたらしていた。

公明党との太いパイプがある大島は周囲に、

「**大ざっぱな楽観主義者の私だが、この状況は、大変、悲観している**」

と漏らすほどだった。だが、高村は、

「**マスコミに聞かれるから、仕方がない**」

と聞く耳を持たなかった。それどころか逆に、報道を通じた「空中戦」を仕掛けていた。

高村は、公明党幹部のインタビューや発言に関する記事を注意深く読んでいた。公明党代表の山口那津男が四月一日の記者会見で、

「**砂川判決は個別的自衛権を認めたもので、集団的自衛権を視野に入れていない**」

と、高村の理屈を批判していた。

高村は翌日、記者団に、

「私としても『砂川判決があるから、集団的自衛権も必要最小限度（の自衛権）に入るものがある』とまでは言っていない。山口さんにしても、『仮に集団的自衛権に必要最小限にあたるものがあるとしても、砂川判決の法理が適用されない』とまでは言っていない」

と語った。

このころ、高村は自らを担当する番記者を見かけると、

「俺の発言は記事になるのかなあ」

と気にしていた。自分の発言が記事になれば、数珠つなぎに公明側が反応してくる、と思っていた。その狙いどおり、公明側の交渉役だった北側一雄が発言した。

「高村さんも砂川判決を金科玉条として、集団的自衛権の行使が認められる、と言っているわけじゃない。『砂川判決は集団的自衛権を排除していない』と言っているだけだ」

北側の発言を知った高村は、

「これで折り合える」

と目を輝かせた。

高村は、北側の表現をコピーしてメディアに語り始めた。

「砂川判決は、集団的自衛権の概念に含まれるものも排除していない。国の存立を守るために必要最小限の事例があれば、『合わせて一本』で、集団的自衛権は認められる」

自公それぞれ立場が違うから、見解の完全な一致は無理。互いに矛盾がない程度で折り合えばいい——。

これこそ、閣議決定まで続いた北側との折衝の根底に流れる高村の考え方だった。

携帯番号は大島の「情」による仲介で交換し合った高村と北側だったが、大島には到底理解できない空中戦という奇妙なやり方で、二人は「理屈」の関係を深めていった。

高村は同じような空中戦を、公明の山口にも仕掛けていた。

首相官邸で開かれた、政府と与党の幹部が顔を合わせる政府・与党連絡会議。高村は隣に座る山口にこう言った。

「山口さんが言っていることと、私が言っていることは、矛盾していないですよね」

肯定も否定もしない山口に、高村は続けた。

「重点の置きどころが違うところはあっても、矛盾しているところはないですよね。山口さんの発言を新聞で注意深く読んでいますが、矛盾しているところはないですよ」

山口は少しだけ笑みをたたえ、

「私も注意深く、発言していますから」

このやりとりに、高村はこう直感する。

「望みなきにしもあらず、より、もうちょっと望みはあるな」

第四章 泥沼に踏み出した「5・15会見」

敬慕する祖父・岸信介元首相を墓参する安倍首相

「結論ありき」を突き返す

公明党にとって、与党協議に入るうえで難関が待っていた。それは、首相・安倍晋三の記者会見だった。

官房長官の菅義偉は二〇一四年四月一四日の国会答弁で「安保法制懇から報告書が提出された後、これを参考に政府としての基本方針を示す」と明らかにした。

首相の私的諮問機関「安全保障の法的基盤の再構築に関する懇談会」(安保法制懇)の報告書を受け取った安倍が、記者会見で「政府の基本的方向性」を打ち出す。そして、自民、公明両党に与党協議の議論を命じるという流れが内々には決まっていた。

その会見での安倍の発言に、公明党は神経をとがらせていた。

なぜなら、安保法制懇は、個別的か集団的かを問わず、自衛のための武力の行使を「全面解禁」し、多国籍軍による戦争のような集団安全保障への参加にも「憲法上の制約はない」という考え方が主流だったからだ。いわゆる「芦田修正論」の立場だ。

安倍に与党協議を行うよう求めた代表の山口那津男には危機感があった。

「総理が芦田修正論を採るなら与党協議には入れない」

副代表の北側一雄も、

「首相が記者会見でかけ離れたことを言うと、そこでおしまい。与党協議ができる状態にしなければならない」

と、認識を共有していた。

安保法制懇の報告書が、「自公決別」につながらないよう、北側は四月中旬から自民党副総裁の高村正彦とすりあわせを始めた。

北側は、

「首相の記者会見と同時に、山口代表も記者からコメントを求められる。それがあまりに矛盾したら困るから、事前に内容を教えてくれ」

と頼んだ。

高村は政府側から原案を取り寄せ、北側に渡した。

原案には、

「芦田修正論は、政府として採用できない」

「自衛隊が武力行使を目的として、湾岸戦争やイラク戦争での戦闘に参加するようなことは、これからも決してない」

とあった。

北側は、芦田修正論が採られないことが分かり胸をなで下ろした。だが、随所に結論ありきの表現が見受けられた。北側は赤ペンを握った。

「**与党協議を経た、しかるべき時期**」
←
「**与党協議の結果に基づき**」

「**憲法解釈の変更が必要と判断されれば、内閣の意思を示す**」
←
「**憲法解釈の変更が必要と判断されれば、閣議決定していく**」

細かな表現にこだわり、次々と修正していった。

そして、四月二四日夜。赤字を入れた原案を高村に手渡した。高村は、

「**大きなところで、総理の感想を変えさせるようなものはない**」

と思い、

「**いいんじゃないかな**」

と政府側に渡した。

安倍が表明する「基本方針」の内容は固まった。これで与党協議に入る見通しが立った。焦点は、いかに自民党と合意点を見いだすのかに移る。

山口は北側に伝えた。

「**まだ油断できませんよ。北側さんお願いします**」

中国での「靖国参拝自重」の誓い

二〇一四年四月三〇日昼過ぎ、自民党副総裁の高村正彦は東京都内の自宅で倒れ、病院に運ばれた。異常は見つからず、「貧血」の診断で一晩入院した。

高村は五月四～六日、超党派の日中友好議員連盟の会長として中国訪問を予定していた。原因不明の激しいせきは消えず、体調不良のまま訪中した。

高村には会長専用の車が用意された。他のメンバーはバス。高村は中国到着後すぐ、一緒に訪問していた公明党副代表の北側一雄を車に迎え入れた。後部座席の左側に座った北側に、高村は、

「ずっと、乗ってください」

と頼んだ。

高村には、

「一緒にいれば北側さんが集団的自衛権の話をしてくるかもしれない」

との考えがあった。

のちに北側は、この場面を何度も冗談交じりに振り返る。

「**病気をうつされたら困ると思った**」

ただ、当時は、それは言わなかった。高村は言う。

「**その時は冗談を言える関係じゃなかった**」

北側は、高村の読みどおり、いろいろな話題を振ってきた。靖国神社、尖閣諸島……。そして、集団的自衛権も。首相・安倍晋三の私的諮問機関「安保法制懇」が、集団的自衛権の全面容認を求めると見られていたころだった。

高村は北側に言った。

「**安保法制懇の立場は取れない。それなら憲法改正が必要だ**」

自衛のための必要最小限度の集団的自衛権なら憲法の解釈変更で認められる「限定容認」を北側にぶつけた。

そして、こうも言った。

「**私は安倍さんを限定容認で納得させたし、石破さんも押し切った。だから限定容認を認めてくれ**」

安倍や、安保法制懇と同じく全面容認を唱える幹事長・石破茂の名を挙げて、北側に迫った。

北側は高村が限定容認の根拠とする砂川判決について、

「**砂川だけでは不十分だ。認められない**」

と切り返した。

「限定容認でも、歯止めが利くのか心配だ。私を説得してください」

車中以外でのやりとりも北側に響いた。中国共産党ナンバー3の全国人民代表大会常務委員長、張徳江との会談で、高村は、

「安倍首相はもう靖国神社には行かないと思う」

と明言。中国との関係を大切にしてきた公明党にとって安倍の靖国参拝は心配の種だっただけに、高村の熱意を感じた。

北側は、

「この人は信頼できる」

と思った。そして決意した。

「何としても集団的自衛権をまとめなければいけない」

五月五日。張との会談を終えた高村、北側らは記者会見を開いた。記者からまとめて三つの質問が高村にあった。体調不良の高村は、質問が頭に入らなかった。答えに窮する高村に、北側が小声で質問内容を伝えた。

マスコミを通じた「空中戦」を通して、集団的自衛権行使の「理屈」で近づいていた二人は、中国で「情」の面でも距離を縮めていった。

「安倍は公明党に譲った」

二〇一四年五月九日午前一〇時。中国から帰国した公明党副代表の北側一雄は、国会対策委員長の漆原良夫とともに衆院議員会館の自民党前副総裁・大島理森の部屋を訪ねた。

用件は二つあった。

一つは、中国の元外相・唐家璇から預かった、

「大島先生にも訪中してほしい」

というメッセージを伝えるため。もう一つは、集団的自衛権についての話をするためだった。

北側は紙を取り出して大島に示した。首相・安倍晋三が私的諮問機関「安保法制懇」の報告書を受けて、記者会見で表明する「政府の基本的方向性」の内容が記されていた。

北側自らが赤字で修正を入れた部分がすでに反映されており、大島に紙を見せながら、

「これなら、まあ、大丈夫です」

と話した。

実は、大島も、首相が会見で何を発信するのかを気にしていた。安倍と公明党代表の山口那津

男が対立するメッセージを出さないよう、自民党副総裁の高村正彦だけでなく、官房長官の菅義偉にも働きかけていた。三人はまず、一つのハードルを越えたと感じた。

大島は、目の前の北側や漆原に、机の継ぎ目にある数センチの溝を指してこう言った。

「**自公には、これほどの溝もあってはならない**」

安倍は以前から集団的自衛権を必要最小限で認める「限定容認論」だった。第一次安倍内閣時には、公海上で攻撃を受けた米軍艦を守るといった限定的な行使例の検討を指示した。安倍が意識している祖父・岸信介は首相時代の一九六〇年、

「**憲法は自衛隊が外国まで出かけて、その国を守る典型的な例は禁止しているが、集団的自衛権はそういうものだけではない**」

と答弁した。

安倍は、

「**外国まで行く典型的な例は禁止**」

という歯止めをも、祖父の考えに沿っているのだ。

そして、公明にとって「運命の日」を迎えた。

「**いわゆる芦田修正論は、政府として採用できない**」

安倍は二〇一四年五月一五日の記者会見で明言した。

安倍の会見を受けて、山口も記者団の前でこう述べた。

「**(芦田修正論を採らないという)判断は我々は妥当だと思っている**」

さらに、北側の修正部分を用い、こう強調した。

「**与党協議の結果に基づいて、とあるので、結果を出すべく真摯に協議を始めたい**」

公明党内に、

「**安倍は公明党に譲った**」

との空気が広がった。安倍の言動から、公明党の多くの議員は、

「**安倍は自民党内で『右寄り』だから全面容認論者だ**」

と思い込んでいたからだ。

一方の大島も、安倍と山口の会見を見て胸をなで下ろした。すると、一通のメールが届く。財務相の麻生太郎からだった。

「**大島ちゃんのおかげだ**」

会見を終えた安倍。突き放すように語った。

「**中身はもう交渉しない。こちらは譲れるところは全部降りた。公明が中身で手に入れられるものはない**」

水面下での与党協議「３＋３」（スリー・プラス・スリー）が始まってから二ヵ月以上が経過していた。自公は、いよいよ協議に入っていく。

安保法制懇「熟議なき」結論

二〇一四年五月一五日、記者会見の三時間半ほど前、安倍は、私的諮問機関「安保法制懇」の最後の会議に出席、報告書を受け取った。第一次安倍内閣の時に、集団的自衛権の行使を認める解釈変更に「お墨付き」を与えるために、すべてを行使容認派で固めた懇談会だったが、不満を募らせる委員も少なくなかった。

約二ヵ月前の三月一七日夕、東京・内幸町の帝国ホテルの会議室。非公式ながら、安保法制懇の委員が報告書の内容を詰めるために集まったはずなのに、手元に報告書の原案はなかった。

「会議室は会議の三時間前に開けておきます。報告書の原案を置いておきますので必要ならメモを取ってください」

会議の数日前、委員の一人は首相官邸の事務局からの電話にあぜんとした。

秘密保全を優先するあまり、委員は報告書の原案を読んで手書きでメモするしかなかった。会議が始まると報告書は回収され、手元のメモをもとにした議論に終始した。委員全員を対象にした会議はこれが最後。ある委員は、

「世間は我々が熟議したと思うだろう。まったくそうではない」

と明言した。

安保法制懇は、〇八年に憲法解釈を変更して集団的自衛権の行使容認を求める報告書をまとめた。

だが、安倍は退陣し、次の福田政権では報告書はたなざらしになった。第二次安倍内閣で復活し、第一次内閣の安保法制懇と同じメンバーに一人を加えた一四人の有識者で再起動した。一三年九月に本格的な議論が始まり、一四年二月までほぼ月一回のペースで五回の会議が開かれた。

ところが、委員を待っていたのは事務局の官僚による徹底した情報管理だった。「米国家安全保障局（NSA）」による欧州首脳への盗聴疑惑が問題になってから会議開催日でさえ電子メールでの通知をやめ、電話やファクスに変えた。自宅で資料を読み込もうにも持ち帰りが許されなかった。

報告書作成は一四年一月以降、座長代理である国際大学学長の北岡伸一、外務省出身の兼原信克、防衛省出身の高見沢将林両内閣官房副長官補らが主導した。首相の意を受けながら、水面下で文言を詰めた。委員の一人は、

「前回は委員が自由に議論して報告書を作った。今回は官僚が仕切っていた」

と話す。別の委員も、

「私たちは政権のための駒だった。信頼されていなかったと感じた」

とぼやいた。

報告書の完全版は速達で送られたが、ある委員に届いたのは公表日前日の五月一四日午前。その日の朝日新聞の朝刊には、報告書の全文を入手したと載っていた。この委員は、

「新聞で先に概要を知った」

と語った。

安保法制懇の役割自体も、最後まで定かではなかった。

〇八年に首相・福田康夫に提出した第一次安倍内閣での報告書では、他国と同じように集団的自衛権を使うことができる集団的自衛権行使を「全面解禁」するよう求めた。

今回も、当初、同様に全面解禁を目指したが、首相側が公明党との調整を見据え、行使を必要最小限に限る「限定容認論」を持ち出すと、報告書の内容もその方向に変わっていった。

ある委員は振り返る。

「いつどこで、全面解禁から、限定容認に変わったのか、さっぱり分からない」

委員による熟議が不十分な面があり、首相側の意向に合わせるように、一部委員と官僚が報告書の内容をすりあわせる。別の委員は、

「首相の自信のなさを表している。安保法制懇のサポートがなければ論理を展開できないから、『安

保法制懇の先生方が言った』ということでしか、主張を押し通せなかったのではないか」

と振り返る。

石破の違和感

「いわゆる芦田修正論は、政府として採用できない」

「自衛隊が武力行使を目的として、かつての湾岸戦争やイラク戦争での戦闘に参加するようなことは、これからも決してない」

安倍晋三は、私的諮問機関「安保法制懇」の報告書を受け取った二〇一四年五月一五日、記者会見を開き、限定容認の立場で集団的自衛権を認める方向性を示した。

安保法制懇の報告書は、集団的自衛権の行使を認める方法について、

①　**他国と同じように集団的自衛権を使えるようにする「全面容認」**

②　**日本の自衛に限って、集団的自衛権を使えるようにする「限定容認」**

の二つを提案していた。「芦田修正論」は、全面容認の立場であり、湾岸戦争やイラク戦争といった多国籍軍による戦争のような集団安全保障への参加にも「憲法上の制約はない」という考

え方に立つ。

つまり、安倍は、憲法の解釈変更で対応できるのは「限定容認」が精いっぱい。集団的自衛権の全面容認や集団安全保障に参加する場合は、現行の憲法の制約を超えて「違憲」にあたるということを明確にしたのだ。限定容認より先は、憲法を改正するしかない。

ところが、その二日後、その安倍会見を否定するような発言が足元から飛び出した。

「安倍さんは決してやらないというふうに言っていました。だが、国連軍とか多国籍軍ができた時に、『日本だけは参加しませんよ』ということは、やがて国民の意識が何年かたって変わった時、（方針が）変わるかもしれない」

「次の政権が何を訴えてできるかですよ。選ぶのは国民なんですから」

五月一七日、民放番組に出演した自民党幹事長の石破茂の発言だった。それが意味するのは、集団安全保障に参加しないのはあくまで安倍内閣の政策判断であり、次の内閣になれば判断は変わりうる、というものだった。多国籍軍に参加するのに憲法上の制約はない――。石破は元々は、安倍が否定した「全面容認」「芦田修正論」の立場を取っていた。

石破には、

「首相は記者会見で抑制的に言い過ぎだ」

との思いがあった。党内きっての「安保屋」としての自負も手伝って、言わずにはいられなかったようだ。

しかし、石破の考え方は公明党には到底受け入れられないものだった。高村はすぐに火消しに動いた。

週明けの五月一九日、国会にある自民党総裁室。党役員会が終わった後、高村は、安倍と石破を呼び止めた。そして、石破に向かって言った。

「多国籍軍に参加できないのは、政策的判断ではなくて、憲法上できないんだ。あなたが言っていることは憲法改正しないとできない」

そのうえで、安倍に、

「ベトナムと中国が戦争になって、ベトナムから要請があっても、集団的自衛権では行きませんよね」

と尋ねると、安倍は、

「行かない」

と答えた。石破にクギを刺したのだった。

その後、石破は持論を公言することは控えるようになる。

「改憲経るべき」——創価学会見解の衝撃

「行使『改憲経るべきだ』　創価学会が見解」

二〇一四年五月一七日、朝日新聞の朝刊一面に見出しが躍った。公明党の支持母体である創価学会が、朝日新聞の取材に対して書面で回答した「広報室見解」の内容が報じられたのだった。

「『保持するが行使できない』という、これまで積み上げられてきた憲法第9条についての政府見解を支持しております」

「本来の手続きは、一内閣の閣僚だけによる決定ではなく、憲法改正手続きを経るべきであると思っております」

憲法の解釈を変えて、集団的自衛権を使えるようにしようとする首相の安倍晋三に対し、連立を組む公明の支持母体が「待った」をかけた形となった。公称会員数八二七万世帯という巨大組織の創価学会は、政教分離を重視しており、個別政策について対外的に見解を出すのは異例だ。

安倍が、集団的自衛権の行使に向けて、自民、公明に対して協議の開始を指示した記者会見から二日後、そして、自公の与党協議の初会合が開かれる三日前。公明の幹部にも、この見解のことは事前に知らされていなかった。

衝撃と動揺が、政権に一気に広がった。

安倍政権で、学会とのパイプ役を担っていた官房長官の菅義偉は、見解の真意を測りかねていた。

「これは、どうとらえたらいいのか」

菅は、懇意にする公明党政調会長代理の上田勇に電話で尋ねた。

菅からの問いかけに対し、上田は知りうる限りの情報を伝えた。

「この見解は、宗教文化専門紙に出したものを、そのまま広報室が朝日新聞にも出したようだ。学会の正式見解ではなく、あくまでも広報室の見解だと聞いている」

それを聞いて、菅は少し落ち着いた様子で応じた。

「そういうことなら、何の問題もないね」

学会も対応に追われた。会長の原田稔自ら、事態の収束に乗り出した。

「これは学会の正式見解ではない。広報室が勝手に出した見解だ」

一七日朝から、各地方組織のトップに電話をかけて説明した。

もちろん、見解の内容については、原田も了承していた。しかし、学会内で議論もしない見解が「公式見解」として受け止められれば、混乱をきたす。このため、学会の統一見解ではなく、あくまでも広報室が勝手に出したことを強調することで、事態の収拾を図ろうとした。

実際、集団的自衛権の行使容認について、その結論をどうするかは、学会は公明党に委ねていた。学会が公明党の判断を縛ることは、政治に口を挟むことにもつながり、「政教一致」との批判を浴びかねない、という判断も働いていた。

結局、この見解は広報室のものとして収まり、公明党の幹部たちも、何事もなかったかのように自民党との与党協議に入っていく。

その後、学会広報室が出したコメントは、集団的自衛権を認める閣議決定の翌日、一四年七月二日に出したものへと上書きされた。

「公明党が、憲法第九条の平和主義を堅持するために努力したことは理解しています。今後、国民への説明責任が十分果たされるとともに、法整備をはじめ国会審議を通して、平和国家として専守防衛が貫かれることを望みます」

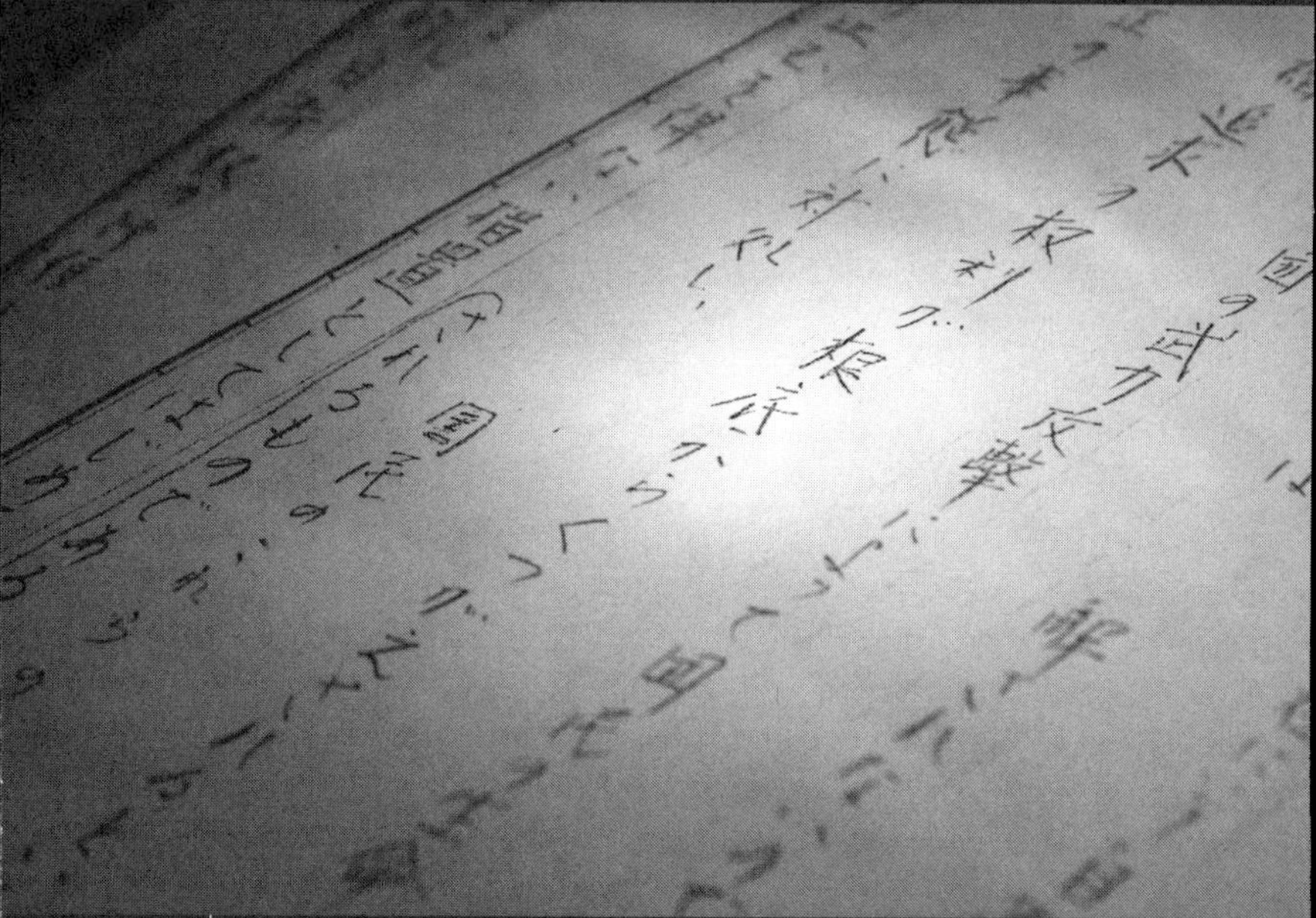

第五章 逆境を切り拓く「5人組」と「新3要件」

「現実性がない」事例ばかり

首相・安倍晋三の記者会見から五日後の二〇一四年五月二〇日。自民、公明両党による「安全保障法制整備に関する与党協議会」の初会合が国会内で開かれた。

メンバーは、自民党が、座長を務める副総裁の高村正彦、幹事長の石破茂、元防衛庁長官の中谷元、党安全保障調査会長の岩屋毅、参院幹事長代理の山本順三、そして、記録係として防衛政務官を務めた佐藤正久の計六人。公明党が、副代表の北側一雄、幹事長の井上義久、党政調会長代理の上田勇、参院幹事長の西田実仁《まこと》、記録係に党国際局長の遠山清彦の計五人だった。

座長代理に就いた北側は初会合の冒頭のあいさつで、

「**安全保障上の必要性につきましては、まずは、具体的、現実的に論議をさせていただきたい**」

と訴えた。

具体的な事例に沿って、議論を進めていくのは公明党の作戦だった。四月上旬、政府に、

「**集団的自衛権の行使が必要という具体的な事例を示せ**」

と求めた。

政府の事例を、

「個別的自衛権や警察権で対応できる」

と論破し、「グレーゾーン事態」や「国際協力」の事例から先に議論を始め、集団的自衛権を後回しにして時間を稼ぐ。こういう戦略も頭にあった。

これに対し、政府は水面下で、事例を次々と公明に出してきた。

四月下旬、まず九事例が示された。グレーゾーンが三事例、国際協力で四事例、集団的自衛権が二事例という内訳だった。ところが、大型連休のころには一三事例に増え、さらに一五事例にまで膨らんでいった。

公明は代表の山口那津男、北側、井上、国会対策委員長の漆原良夫ら、最高幹部が集まり、

「現実性がない」

「これは個別的自衛権だ」

などと事例を精査した。

幹部は悲壮な覚悟で臨んでいた。漆原は、自民党と連立を組むことになった一九九九年、三ヵ月間に一〇〇回の会合を開き、支持母体「創価学会」を説得したことを思い出していた。

「仮に、我々が思いもよらない集団的自衛権の行使が必要な事例が出てくれば、それは受け入れるしかない。政治は理想ではない。国民の命を守るためにやるし、そうなったら必死で、慎重な

学会員を説得する」

と自身に言い聞かせていた。

ところが、二〇一四年五月八日の公明党の勉強会で、政府側の説明役である内閣官房副長官補の兼原信克が、

「**『集団的自衛権行使に必要な事例を探せ』と言われたので、ひねり出した**」

と発言。公明幹部を怒らせた。

北側は、五月の連休中にともに訪中した高村に信頼を寄せ、合意を目指すことを心に決めていた。政府の出す事例をもって、党内を説得する材料にできれば、との思いもあった。しかし、政府が出してくるのは現実性のない事例ばかり。北側は、自民党前副総裁の大島理森に愚痴をこぼした。

「**集団的自衛権をやる事例がほしいわけではなくて、日本の安全にとってやらなければいけない事例を出してほしいんです**」

北側は政府が出してくる事例では党内の説得材料にならないと踏んだ。だが、公明党が要望した事例をいきなり置き去りにして与党協議をするわけにはいかない——。ジレンマを抱えたまま、北側は与党協議に臨んでいた。

公明の時間稼ぎ、高村の憂鬱

二〇一四年五月二〇日に始まった与党協議は、公明党の先送り戦術で早くも行き詰まりを見せていた。自民党の交渉責任者の高村正彦は業を煮やしていた。

高村には、思い当たる節があった。

首相の安倍晋三は、記者会見などで、

「**与党で一致することが極めて重要。場合によっては時間を要することもある**」

と話していた。この言葉を聞いた公明は、安倍が六月に会期末を迎える通常国会中の閣議決定にこだわっていないと踏んでいるのではないかと案じていた。高村は、記者会見では言わない安倍の本音を知っていたからだ。

「**政治はモメンタム（勢い）だ。行使容認は安倍内閣でないとできない**」

実際、安倍は強気だった。与党協議が始まる前日の五月一九日、安倍は、東京・赤坂の料亭で自民党若手議員に、

「**山口（那津男・公明党代表）さんは『連立合意文書に集団的自衛権をやるなんて書いていない』**っ

て言うけど、『やらない』とも書いてないんだから」

と言い放った。

首相官邸は六月中に閣議決定に踏み切るつもりだった。官房長官の菅義偉は四月下旬、公明党政調会長代理の上田勇に電話をかけ、

「このまま『自公に溝』と報道され続けるのはよくない」

と、早期決着を予告していた。

こうした官邸の意向を知っていた高村は、仮に公明党が時間稼ぎの作戦に出てきた場合、協議の打ち切りを決断しなければならないと考えていた。それをやるのは、座長の自分しかいないことも分かっていた。

その不安は、五月二〇日の与党協議の初会合で、的中する。

初会合では、公明党の主張どおり、集団的自衛権の議論は後回しになり、有事（戦争）ではないが、警察権では対応できない「グレーゾーン事態」を優先させることになった。集団的自衛権を使わなければ対応できない具体的な事例を挙げて、一つ一つ議論していくことも決まった。

「これでは何ヵ月かかるか分からない」

高村は、公明党側に、集団的自衛権の行使を認める閣議決定の期限を宣告するしかないと確信する。そのために、ある男の助けが必要だった。

あの「悪代官」だった。

閣議決定の期限を宣告

高村は二〇一四年五月二二日午後、自民党本部四階の副総裁室から電話をかけた。

「**今から行っていいか**」

相手は、一階上の党東日本大震災復興加速化本部長室で、昼寝をしていた前副総裁の大島理森だった。

高村は副総裁室でリラックスする時の姿のまま、ノージャケット、素足に雪駄《せった》といういでたちで階段を上がった。三木武夫に由来する派閥を高村から大島へと引き継いだ仲だ。しかし、二人の会話は、緊張感に包まれていた。

大島は、公明党と太いパイプを持ち、「自民党公明派」とささやかれるほどだった。高村は、大島に公明党との会合を設けるよう頼んでいた。そして、

「**ここは勝負どころだ。『まあまあ、公明党の立場も配慮してください』と、仲を取り持つようなことを言わないでくれ**」

と念を押した。

大島は、高村の言葉を聞いて、腹をくくった。

「ここまで来たら、隠したらいけません。総理の思いがそうなのであれば、期限を切ってやるしかないでしょう」

宣告の夜、五月二三日。

高村は午後六時から、東京・西新橋の小料理屋で別の会食の予定があった。だが、料理にほとんど手をつけず、一時間で中座した。向かった先は車で五分もかからない距離にある帝国ホテルだった。

自民側から高村と大島、公明側から北側と漆原良夫の四人が集まった。

高村が切り出す。

「日米ガイドラインに間に合わせるため、物理的に六月いっぱいじゃなきゃいけない。首相のメンツじゃなくて、現実に必要なんだ」

大島は、高村との約束どおり黙っていた。沈黙を破ったのは漆原だった。漆原はかつて、大島とともに国会対策委員長として国会運営を取り仕切った仲だ。実は事前に大島に対し、公明側の思いを伝えていた。大島から、

「思いはよく分かった。官邸には私が伝えておく。高村さんには直接、本音を言ってくれ」

と助言されていた。

「うちの山口代表は『これまでの政府見解との整合性、憲法９条の規範性、法的安定性が確保できなければならない』と言っている。今の議論のままでは、うちはのめない」

さらに、漆原は踏み込む。

「閣議決定に突っ込むなら、自公は壊れる。連立離脱になりますよ」

自公の話し合いの場で、連立離脱という言葉が出るのは初めてだった。ただ、漆原の本音は、連立離脱ではなかった。代表の山口那津男は一月に、

「政策的な違いだけで（連立）離脱などとは到底考えられない」

と早々に封印していた。漆原には、安倍や官邸が、公明党は簡単に折れると思っているのではないか、という懸念があった。「平和の党」を掲げる公明にとって死活的な問題であり、歩み寄ってほしいとの思いを込めたのだった。

傍らにいた北側は、

「日米の防衛協力体制は強化しなければいけない。しかし、重要な問題だからきちんと議論しましょう」

と語り、場を引き取った。漆原は後日、

「一番緊迫した場面の一つだった」

と振り返った。

与党協議の裏で動く「5人組」

高村はもう一つの手を打つ。それは、閣議決定までの期限の宣告に合わせて、「表」の与党協議に代わり、水面下で調整を進める「裏」の協議を立ち上げることだった。

与党協議は人数が多すぎて、自公の意見がぶつかり合ってまとまらない可能性があった。公明党の交渉役、副代表の北側一雄に、政府の代表者を加えた少人数でじっくり話し合い、落としどころを探るという算段だった。

一方の北側も、集団的自衛権の行使を認めるためには、国民をどう守るのかという安全保障論と、これまでの政府見解とどう整合性をつけるかという憲法解釈論の二点がポイントだと考えていた。自民党の国防族と外務省を中心に、米艦を防護する事例の議論が進んでいく表の与党協議とは別に、憲法解釈に焦点を当てた裏の協議の必要性を感じていた。

高村はメンバーに、外務省出身の兼原信克、防衛省出身の高見沢将林の両内閣官房副長官補が出席するという「4人組」を考えた。これに対し、北側は、

「政府見解は長年、内閣法制局が論理を作ってきたが、与党協議に入っていない。ぜひ、内閣法

制局長官の横畠さんを交えて話し合おう」

と訴えるつもりだった。長年、政府の憲法解釈を担っていた内閣法制局のエースで長官の横畠裕介だけを入れる「３人組」を想定した。

結局、二人の意見を足して、高村、北側、兼原、高見沢、横畠の「５人組」となった。

この５人組協議は、たいてい与党協議の前日か二日前の夜に行われた。二〇一四年六月二日の初会合を皮切りに、七月一日の閣議決定までの一ヵ月間で計九回開かれた。うち六回は麴町の人目につかないビルに集まった。

たいてい、夕方から約二時間、食事も取らずに議論した。表の協議に向けた下準備のようだが、高村は否定する。

「**そういった話は、ほとんどしていない**」

与党協議では、自民党と政府側の出席者だけに、その日のシナリオが配られていた。

「**八時一分、高村副総裁あいさつ**」
「**八時二分、北側副代表あいさつ**」

などと続き、自民党から問題提起するタイミングなどが細かく記されていた。政府と自民党が一体となって、集団的自衛権の行使容認をしぶる公明党をどう説得するか、というシナリオだった。

これは事務方が作ったもので、5人組で練られたことはなかった。高村は言う。

「**裏の協議は実質的に、どこで落とすか、という話がほとんどだった**」

5人組の初会合があった六月二日。北側は高村に、

「**自分は、こちらの会のほうを、より重視している**」

と漏らす。高村も、

「**自分もそうだ**」

と応じたが、こうも付け加えた。

「**一応、与党協議をやっているのに、裏で決めちゃうわけにもいかんだろ**」

ただ、北側の考えどおり、5人組による裏の協議によって、表の協議は形だけのものになっていく。

「いつでも出せるように準備」を

「５人組」の「裏」協議は、自民党の高村正彦と公明党の北側一雄の意識を急速に近づけていった。与党協議が始まったころは、意思疎通が不十分だったこともあり、まだズレがあった。

二〇一四年五月二七日にあった二回目の与党協議。冒頭のあいさつに、そのズレが如実に現れている。

高村の言葉はこうだ。

「協議の目的は当面の政府方針を作るためだ。方針を作ったうえで、具体的な法律策定作業に入る。法律を作った段階で精緻な議論があるから、今の時点では、大きな方向性を議論していただければ幸いだ」

公明党が事例の細部に入る議論を進めようとしていることにクギを刺した。

一方の北側。

「国民の理解をいただきながら、進めていくことが大変大事だ。一つ一つの事例をしっかりと議論させてもらいたい」

あくまで具体的な事例について丁寧な議論を進めるという意思表示だった。

しかし、裏が始まったころを境に、二人の歩調が合い始める。

六月二日、5人組による裏の協議の初会合があった。これまで週一回、一時間だった「表」の与党協議について、時間と回数を増やすことで合意した。

翌日の表の与党協議から時間は一時間半に延び、週二回のペースになった。

六月四日、5人組の二回目の協議。同席する事務方の兼原信克、高見沢将林の両官房副長官補から、武力行使のための新しい「3要件」の原案が示された。

それまでの3要件は、

「我が国に対する急迫不正の侵害がある」


こと、つまり、日本が直接攻撃された時のみ、武力で反撃することを認めていた。

新しい案では、集団的自衛権を認めるため、

「他国に対する武力攻撃が発生し、これにより国民の生命や権利を守るために不可欠な我が国の存立が脅かされるおそれ」

という表現が付け加えられていた。これを見た北側は、

「話にならない」

と突き返した。

だが、このやりとりは、米艦船の防護など具体例ごとに一歩ずつしか進まない表の与党協議をよそに、裏の5人組では、二回目から、集団的自衛権の行使容認を認める文言の調整に入ったことを意味していた。

二日後の表の与党協議。国連平和維持活動（PKO）での武器使用などを話し合っていたが、北側が踏み込む。

「どの事例が、今までの憲法解釈でできるのか。今までの解釈でできないもののうち、どれが自衛のための必要最小限のものに入るのか。必要最小限度の基準も示してほしい」

「自国防衛のための集団的自衛権」なら憲法解釈の変更を認められると考える北側が、表の協議で集団的自衛権を認める「条件闘争」に入った瞬間だった。

高村も、北側の言葉を逃さず、すかさず応じた。

「北側さんからの提案を整理してほしい。そのうえで、そろそろ、閣議決定する政府方針を我々が要求したら、いつでも出せるように準備してほしい」

防衛省に秘匿されていた七二年見解原文

「5人組」の会合で、政府側の兼原信克、高見沢将林の両官房副長官補が打ち出した、武力行使のための新しい「3要件」の原案を一蹴した北側一雄。実は、憲法の解釈を変え、集団的自衛権を認めるための根拠となりうる、ある政府見解を「腹案」として持っていた。

それが生み出されるのは、公明党が、集団的自衛権の行使容認の是非について、党内の勉強会「安全保障に関する研究会」（安保研究会）をスタートさせた二〇一四年三月一九日までさかのぼる。

「**長年積み重ねられた政府解釈を、もう一度よく理解していく必要がある**」

党の議論を取り仕切る北側は、冒頭のあいさつでこう力を込めた。

北側は、ある「教科書」を事前に読んでおくよう、党所属議員に指示していた。元内閣法制局長官・阪田雅裕の『政府の憲法解釈』（有斐閣）だ。歴代政府が積み上げた憲法解釈を重んじる公明党にとって「論理の礎」だった。

勉強会を開く少し前、北側と代表の山口那津男、幹事長の井上義久が阪田を訪ねていた。北側が聞いた。

「事例の相当部分は、個別的自衛権で処理することが可能ですよね」

首相・安倍晋三の私的諮問機関「安全保障の法的基盤の再構築に関する懇談会」（安保法制懇）で議論される、公海上での米艦防護や海上交通路（シーレーン）での機雷除去などの事例が念頭にあった。

阪田は、

「ええ。個別的自衛権で対応が可能ですし、可能になるよう内閣法制局は知恵を絞るはずです」

「ただ……」

阪田は続けた。

「安倍首相はどうしても『集団的自衛権』の六文字を入れたいわけです。安全保障で必要なことはやればいいのですが、そういう話ではないでしょう」

このやりとりの中で、北側のスタンスが、山口と井上の二人とは微妙に違うことに阪田は気づいた。言葉の端々から、

「北側さんは何とかまとめたいと思っている」

と感じ取った。この直感は外れていなかったのだ。

北側はこの時点ですでに、憲法の解釈を変え、集団的自衛権を認めるための根拠となりうる、

ある政府見解に着目していた。山口ら党幹部にさえ打ち明けていなかった。

四月九日、四回目の党安保研究会がセットされた。自民党の高村正彦が盛んに砂川判決による「限定容認論」を唱えていたころだ。北側は、腹案をぶち上げるため、準備を進めていた。

北側のブレーンの衆院法制次長・橘幸信と打ち合わせを繰り返し、一九七二年の政府見解の原文を用意するように指示した。

北側は、

「**集団的自衛権の行使は憲法上許されない**」

と結論づける七二年見解の文章構成が大事だと考えていた。それを理解するには、原文がどう改行され、段落分けされているかを示す必要があったからだ。

しかし、原文はなかなか見つからなかった。七二年見解が提出された参院決算委員会や内閣法制局になかった。橘がようやくコピーを見つけたのは研究会の前日だった。防衛省にあった。

北側は橘に、

「**時間を取っていいから、文章の構成を省略せずに説明してほしい**」

と念押しした。

研究会のテーマは「憲法9条に関する政府解釈と砂川判決」。打ち合わせどおり、橘は丁寧に、七二年見解の文章構成について説明を始めた。

落としどころは「これしかない」

「私は政府の人間ではありませんけど」

二〇一四年四月九日、四回目となる公明党「安全保障に関する研究会」。衆院法制次長の橘幸信は、党副代表の北側一雄からの依頼どおり、一九七二年政府見解の論理構成を説明し始めた。

「『外国の武力攻撃によって国民の生命、自由及び幸福追求の権利が根底からくつがえされるという急迫、不正の事態』という表現こそ、最大の肝なんです」

北側が七二年見解に着目したのには理由があった。

当時、自民党副総裁の高村正彦は、「砂川判決」を根拠として、限定容認を公明党に迫っていた。だが、公明党はこれを明確に否定した。集団的自衛権を念頭においた判決ではなく、

「自国の平和と安全を維持し、その存立を全うするために必要な自衛のための措置」

では、限定の範囲があまりにも広いと感じていたためだった。

一方、行使容認の否定派が根拠にしていたのは、八一年に鈴木善幸内閣が示した見解だった。これは、

「9条の下で許容されている自衛権の行使は、我が国を防衛するため必要最小限度の範囲にとどまる。集団的自衛権を行使することは、その範囲を超えるもので、憲法上許されない」

というもので、行使容認の解釈の余地がない表現だった。

「限定の範囲が広すぎる砂川判決」と「解釈の余地がない八一年見解」ではない、第三の道を模索していた北側。この日の研究会で満を持して七二年見解を提示した。

七二年見解の結論は、集団的自衛権は認められないとするが、北側は結論を導くまでの論理に注目した。

七二年見解は、

「国民の生命、自由及び幸福追求の権利が根底からくつがえされるという急迫、不正の事態」

があれば自衛の措置を認めている。

当時であれば、こうした「事態」が起きても個別的自衛権で対応ができた。だが、現在は中国などの台頭で、安全保障環境は厳しさを増し、ミサイル技術も向上した。七二年には想定してい

ない「事態」が起きれば、個別的自衛権で対応できるか分からない。そうだとすれば、「自国防衛のための集団的自衛権」は否定されないのではないか——。北側はこう考えた。

公明党が行使容認の条件として掲げた「政府見解との整合性」や「憲法９条の規範性」も、七二年見解をもとに援用すれば担保できる。北側は自民党との交渉の落としどころは、

「これしかない」

と感じていた。

橘も北側の考えをうすうすは感じていた。研究会終了後、橘は北側に近寄り、

「踏み込んでしまったでしょうか」

と尋ねた。北側は笑顔で、

「いや、そんなことはない」

と答えた。

従来の政府見解との整合性をはかる

二〇一四年六月四日の「5人組」会合で、政府側が示した武力行使のための「新3要件」の原案。

「これじゃダメだ」

公明党副代表の北側一雄は即座に拒否した。が、すぐに代表の山口那津男、幹事長の井上義久、国会対策委員長の漆原良夫を集めて四人で対応を協議した。

原案では、自民党副総裁の高村正彦が提唱していた「砂川判決」から、

「国民の生命や権利を守るために不可欠な我が国の存立が脅かされるおそれ」

という表現が導き出されていた。

四人は受け入れられないという意見で一致する。

その一方で、北側は、内閣法制局長官の横畠とも、ひそかに意見交換を重ねながら落としどこ

ろを模索していた。内閣法制局は一貫して、

「**集団的自衛権の行使は憲法上、認められない**」

との解釈を維持した。北側には、行使を必要最小限度の範囲にとどめる「歯止め」をかけるには法制局と組むしかないとの計算があった。

「**これまでの政府見解との整合性をいかにとるか**」

行使容認は認められないとする「政府の憲法解釈」を支えてきた内閣法制局。それを順守すべきだと訴える公明党。北側と横畠がたどり着いたのが、一九七二年の政府見解だった。

「我が国の存立」という国家に主眼を置く砂川判決と違い、七二年見解は、

「**国民の生命、自由及び幸福追求の権利が根底からくつがえされる**」

と、国民に重点が置かれているのが特徴だった。個別的自衛権に、わずか「薄皮一枚」をかぶせたぐらいの限定的な集団的自衛権にするには、より厳しい要件となる七二年見解ではないか。公明の四人の幹部はそう考えた。また、過去の憲法解釈との整合性も取れると判断した。それは

当然だった。七二年見解は、二〇一三年九月に内閣法制局が首相の安倍晋三に示した「横畠案」、そのものだったからだ。

誰かがこう言った。

「この落としどころは『北側案』ではなく、『高村案』として出すべきだな」

公明案では、安倍が受け入れないかもしれない。ただ、安倍の信頼が厚い高村の案なら、受け入れるだろう、との読みだった。

「高村さんはこれで大政治家だ」

二〇一四年六月九日夜、東京・麴町のビルの一室。机は一つしかなく、五人が向かい合って座ると部屋は窮屈に感じられるほどだった。机には、北側がコンビニで買ってきたお茶のペットボトルが五本置かれていた。

張り詰めた空気のなか、北側が赤ペンで修正した紙を突きつけた。兼原信克と高見沢将林の両官房副長官補が作成した集団的自衛権を使えるようにする「新3要件」の政府案に、一九七二年の政府見解の骨格部分となる、

「**根底から覆される**」

という文言が書かれていた。

そして、弁護士資格を持つ高村が好んで使う「法理」（法の原理の意）という言葉を用いて迫った。

「高村さんの言う法理はどこからどこまでなのか。『根底から覆される』という部分は法理のはずだ。武力行使のための新たな3要件に入れてもらいたい」

五日前にあった前回の「5人組」会合では、兼原と高見沢から、

「我が国の存立が脅かされるおそれ」

と書かれた政府案が示された。

一読した北側は、

「全然話にならない」

と突き返した。行使容認に慎重な公明党にとって、政府案では歯止めが利かない。そう判断した北側は、より厳しい条件となる七二年見解の「根底からくつがえされる」を盛り込んで、行使のハードルを上げようとしたのだ。

高村は、この提案が与党協議の落としどころになるとにらみ、即座にボールを投げ返した。

「実は、その表現は以前、安倍首相自らが『その言葉は響きが強すぎる』と考えて、削ると決めたものだ。首相の意思を変えるなら、私は『これさえ変えれば、公明がのんでくれる』と説得しなければならない。公明党はまとまるのか」

北側は正直に答えた。

「自信はない。とても約束する状況ではない。ただ、これでのんでくれれば、自分としては納得し、

まとめる努力をする」

高村はうなずき、兼原に、

「**国の存立が全うされなかったら、国民の権利も根底から覆されるよな**」

と確認した。兼原も、

「**そうですね**」

と応じた。５人組が閣議決定の文案で合意した瞬間だった。

翌一〇日午後一時すぎ、首相官邸の執務室。安倍は、高村を招き入れた。同席した国家安全保障局長の谷内正太郎、兼原、高見沢ら政権幹部が見つめるなか、高村は右側に座った安倍におもむろに切り出した。

「**お願いがあります**」

高村はメモも持たずに、こう続けた。

「**公明党が、新3要件に『根底から覆される』という文言を入れてほしいと言っています。北側さんは『これで党内がまとまるかは約束できないが、私個人としては納得できる』と言っています**」

勝負どころと感じたからこそ、北側の言葉をそのまま伝えた。

高村は安倍に、

「**この文言が入っても、与党協議で話し合っている事例ができなくなることはありません**」

とたたみかけた。中東ペルシャ湾での機雷除去など、安倍がやりたいとこだわっている八事例の「歯止め」にはならないことを強調したのだ。

一度は安倍が、

「狭すぎる」

として拒否した「横畠案」は、約九ヵ月たって「高村案」となり、再び安倍の前に示された。

安倍は口元を緩めた。

「それで結構です」

それは、公明と内閣法制局の共作が実を結び、集団的自衛権を認める閣議決定の根幹となる文言が決まった瞬間だった。同時に憲法が骨抜きになったことも意味していた。

与党協議のゴールの出口が見えた高村が言った。

「あとは、安倍さんが靖国神社に行かなければ、一番いいんですよ」

執務室が大きな笑いに包まれた。

安倍はつぶやいた。

「高村さんはこれで大政治家だ。副総裁にしておいて本当によかった」

安倍を説得した高村はすぐに北側に電話した。

「首相は了解してくれました」

翌日、自民党本部四階の高村の部屋に、北側から真っ赤なトマトが届く。花言葉は「完成美」だった。

北側のうった「芝居」

公明党副代表の北側一雄は、集団的自衛権の行使を認める閣議決定の肝となる、武力行使のための「新3要件」に、一九七二年政府見解の「根底から覆される」という文言を盛り込ませることに成功した。しかし、表情は浮かないままだった。慎重意見の根強い党内をまとめるという課題が残っていたからだ。

首相の安倍晋三が新3要件を受け入れた翌日の二〇一四年六月一一日朝。「裏」協議の「五人組」が帝国ホテルに集まった。自民党副総裁の高村正彦は、新3要件について、

「**高村、北側による『座長・座長代理私案』としよう**」

と提案した。

北側は慌てて、

「**ちょっと待ってください。高村私案で出してください**」

と頼み込んだ。党内をまとめていないのに、自らの名前を冠した案を出すわけにはいかなかった。このころ、党内は具体事例を議論している段階だった。

二日後の一三日、六回目の与党協議が開かれた。北側は冒頭のあいさつで、これまでにない強い口調で訴えかけた。

「仮にどのような政策的な必要性があったとしても、解釈の限界があり、これを超える場合には、もちろん憲法改正の手続きをとっていくのが法治国家として当然の話だ。解釈変更がダメだとは言っていない」

党内に向けては、合意に向けて動き出すという宣言であり、政府・自民に対しては、合意をするから、厳しい歯止めをかけるという要求だった。そして、与党協議の最後に、高村が北側と打ち合わせたとおり、新３要件を高村私案として示した。

にもかかわらず北側は戸惑った様子でこう言った。

「公明党の党内議論は、まだ集団的自衛権に入っていない。そういう状況の中でこんなに大きなものを出されて、次の協議会で閣議決定の考え方を示されるというのは……」

高村は、ここで北側の言葉を遮る。

「ここでノーと言わないでくれ」

二人は、初めて議論するかのように振る舞った。

二人の演じる「芝居」に足並みをそろえるかのように動いたのが、代表の山口那津男だった。

この日の与党協議が終わった直後の参院議員総会。山口は、

「与党協議を踏まえ合意を目指したい」

と大きく踏み込んだ。

山口は北側に伝えていた。

「時間をかけてやることが目的ではない。議論が複雑化、拡散して、かえって国民に分かりにくくなるのは避けたほうがいい」

この日を境に、公明党は党内協議の回数を増やし、公明が当初こだわった具体事例を横に置いて、新3要件の議論に突入する。そして、六月二四日の九回目の与党協議で、北側は政府・自民が示した集団的自衛権の行使を認める閣議決定原案を評価した。

「我が党の意見を踏まえ、修正をされていると理解している」

自公は「表」の与党協議でも大筋で合意に至った。

第六章

暗躍する外務省「条約局マフィア」

安倍首相の腹心、礒崎陽輔・首相補佐官（左）と兼原信克・官房副長官補（右）

残された問題

ようやく集団的自衛権の行使容認について大筋で合意した自民党と公明党。これで、すんなりと閣議決定に向かうと思われた与党協議だが、公明党を悩ませる新たな問題が浮上していた。

自民は二〇一四年六月二〇日の与党協議で、集団的自衛権の行使とともに、集団安全保障での武力の行使も認めるように提案した。

集団的自衛権と集団安全保障。同じ「集団」という言葉があって似ているが、中身はまったく違う。

集団的自衛権は密接な関係にある他国が攻撃された際、ともに反撃する権利。友達が襲われたから協力してやり返す、というものだ。

一方、集団安保は、侵略などをした国に、国連安全保障理事会の決議に基づいて国連加盟国が多国籍軍を結成し、制裁を加えることだ。

つまり、悪者をみんなで懲らしめる、というものである。従来の憲法解釈では、集団的自衛権も、集団安保での武力の行使も許されていなかった。

自民党は、集団的自衛権の行使を認めるのに、集団安保での武力行使が認められないままでは「支障が出る」と訴えていた。その具体的な事例として、中東ペルシャ湾のホルムズ海峡での機雷除去を挙げた。

集団的自衛権として、機雷を取り除いている最中に、安保理決議が出て集団安保に切り替わると、中止しなければならなくなる。国連の決議が出て、国際的により正当性が高くなるのに、日本の自衛隊だけ、

「**集団安保では活動できません**」

と活動をやめるのはおかしいじゃないか——という主張だった。

これに対し、集団的自衛権でさえ、党内の慎重論を抑えて納得させることに精いっぱいの北側一雄ら公明党の執行部にとって、さらに集団安全保障まで一気に議論することは不可能に近い。当然のごとく、公明は猛反発したのだった。

仕組まれた集団安全保障

実は以前から、集団安全保障の武力行使は、与党協議のなかにひそかに、そして周到に、仕組まれていた。そのことにある男は感づく。

「**やはり入っているな**」

「ヒゲの隊長」こと自民党の佐藤正久はニヤリとした。

外務官僚らの仕掛けに気づいたのだ。集団的自衛権の行使容認をめぐる与党協議が始まって約二週間がたった、二〇一四年六月五日のことだった。

与党協議では、集団的自衛権を使わなければ対応できないケースをイラスト付きで盛り込んだ事例集が政府から示された。外務省の精鋭が数多く送り込まれている国家安全保障局が作ったものだ。

「『武力行使』に当たり得る活動」という項目の事例として「国際的な機雷掃海活動への参加」があった。中東ペルシャ湾のホルムズ海峡を想定し、海中にまかれた機雷を自衛隊が除去するという内容だ。

佐藤が気づいたのは、そのイラストに、米国旗とともに国連旗が並んでいたことだ。旗はとても小さく描かれ、たいていの与党協議のメンバーは見過ごしていた。その二つの旗から、自衛艦に矢印がのび、「機雷掃海活動への参加要請」と記されていた。

中東での紛争にかかわる米国を守るための機雷除去は「集団的自衛権」にあたるが、国連から要請されると「集団安全保障」になることを意味していた。

しかし、集団安保は、国連決議に基づいて侵略国に制裁を加える措置であり、身を守るために武力行使する自衛権とは根本的に異なる。

つまり、集団的自衛権の議論に、集団安保をこっそりもぐり込ませようと、外務官僚らが画策していたのだった。

外務省の「湾岸戦争」のトラウマ

なぜ、外務省は集団安全保障にこだわるのか。

原動力となったのは、集団安保に最も積極的な外務省旧条約局経験者らだ。

与党協議に示された、事例集を中心になって作ったのは、外務省出身の内閣官房副長官補であり、国家安全保障局次長でもある兼原信克だ。

兼原は外務省国際法局（旧条約局）の局長を経験している。外務省きっての戦略家と言われ、首相・安倍晋三の知恵袋的な存在だ。安倍がまだ年次の若い兼原を、次官級の副長官補に抜擢した。

兼原は首相の私的諮問機関「安全保障の法的基盤の再構築に関する懇談会」（安保法制懇）についても、事務方の責任者として取り仕切った。まさに、集団的自衛権の行使容認を目指す安倍にとって「理論的支柱」になっていた。

兼原を交渉の最前線に立てたほか、安保法制懇の座長に元条約局長・柳井俊二を就けた。そして、報告書を受け取る政府の国家安全保障局のトップには、やはり元条約局長の谷内正太郎を据えた。

さらに、解釈変更を了承する立場の内閣法制局長官には、歴代長官人事の慣例を破り、国際法局長だった小松一郎を起用した。

外務省にとって、集団的自衛権とともに、集団安全保障で日本が武力行使できるようにするのは悲願だ。

そこにはイラクのクウェート侵攻を受けた一九九一年の湾岸戦争時の「トラウマ」がある。国連安保理決議により多国籍軍が組まれた集団安保だったため、自衛隊を派遣できず、国際社会から「カネだけ出した」との批判を受けた。

以来、自衛隊の活動範囲を広げて「外交カード」を増やしたいという考えが外務省に宿っていた。湾岸戦争時に条約局長だった柳井も、

「何とかしなければいけない」

という気持ちをずっと持ち続けてきた。

このため、安倍が政権に復帰した後、外務省は、二〇一四年一月に発足した国家安全保障局に積極的に若手の精鋭部隊を送り込み、谷内をサポートした。同局の「与党対策班」が公明党の説得にあたり、閣議決定の文案作成も主導した。

いつしか、

「**官邸内を『条約局マフィア』が闊歩している**」

と言われる状況になっていた。

外務省内の暗闘

兼原を中心に外務官僚は、集団的自衛権だけでなく、集団安全保障による武力行使も、憲法解釈で認めるべきだ、と考えていた。

これに対し、国家安全保障担当の首相補佐官を務める礒崎陽輔は、こうした外務官僚らの野心に警戒感を持っていた。

二〇一三年秋ごろからひそかに行われてきた政府内部の検討会で、湾岸戦争のような集団安保の容認を求めてくる外務省幹部らを「憲法の論理として無理」と押し返した。集団的自衛権は、他国であれ「守る」ことを基本とする。しかし、集団安保では、侵略など問題のある国をたたく行為で攻撃性が高い場合があるからだ。

礒崎は一四年四月、首相・安倍晋三の裁定を仰ぐ。安倍は、

「**礒崎さんの考えでいい**」

といったんは礒崎に軍配を上げた。その結果、五月一五日の記者会見で、安倍は、

「**湾岸戦争やイラク戦争での戦闘に参加するようなことは、これからも決してない**」

と宣言した。礒崎は胸をなで下ろした。

ところが、外務官僚らはあきらめなかった。

「集団安保ができる理論を考えなければ」

と巻き返しを図る。

まず、一手を打つ。六月九日の参院決算委員会。共産党議員の質問に対し、安倍がホルムズ海峡を念頭に、

「機雷の除去は基本的に『受動的かつ限定的』な行為で、会見で申し上げた戦闘行為とは性格を異にする」

と答弁した。五月の記者会見から明らかに軌道修正し、集団安保への参加に含みを持たせた。

「ヒゲの隊長」こと佐藤正久は、

「あの答弁がなければまずかった。共産党の質問のおかげだ」

とつぶやいた。

佐藤も、一九九六年にゴラン高原ＰＫＯで初代隊長を、二〇〇四年には陸上自衛隊のイラク派遣で先遣隊長を務めるなど、自衛隊の国際貢献の重要性を身に染みて感じていた。外務省きっての戦略家の兼原と、元自衛隊隊長の佐藤の思いは一致していたのだった。

外務官僚による次の手も打たれた。

一四年六月一三日の与党協議で配られた「高村案」は、従来の「自衛権発動の3要件」が、「武力行使の3要件」という位置づけに変わっていた。

礒崎は外務官僚らの執念を感じた。

そして、六月一六日。自民側と政府側の会議は集団安保をめぐる決戦の場となった。

佐藤が口を開く。佐藤はたびたび、議員会館の自室に兼原を呼び寄せ、議論を重ねた。いつしか、会議で佐藤が問題提起して流れを作るという連係プレーが出来上がっていた。

「『武力行使』の3要件となっているのは集団安保も読めるようにするためですか。そうでなければ、機雷除去はできませんよね」

これに対し、礒崎は即座に反論した。

「首相にも公明側にも『自衛権』の3要件と説明した。いまさら変えられない」

自民党副総裁の高村正彦は両氏の言い分にじっと耳を傾けていた。最終的には、佐藤に軍配を上げた。

密室で繰り広げられた集団安保をめぐる暗闘。外務省の悲願であった武力行使への道が開けた瞬間だった。

あうんの決着はあっさりと

とはいえ、公明党は集団安全保障を受け入れる様子はなかった。

一〇回目となる二〇一四年六月二七日の与党協議でも集団安保の議論が続いた。しかし、自民党副総裁の高村正彦は心配していなかった。

今回の与党協議で示した、武力行使のための「新3要件」は、集団的自衛権であれ、集団安保であれ、新3要件に沿えば、日本は武力の行使ができる。高村は、新3要件さえ閣議決定に盛り込めれば、集団安保での武力行使は可能と考えていたのだ。

与党協議では、自民党のメンバーが集団安保の必要性を主張するのに対し、公明党副代表の北側一雄が大声を上げた。

「**そんなことは内閣法制局長官に任せておけばいい**」

対立が続くのを見た高村は、

「**集団安保は何も決めていない。肯定も否定もない。白地だ。玉虫色でもない**」

と場を引き取った。あうんの呼吸だった。

高村には北側の思いが分かっていた。

「北側さんも集団安保での武力の行使は理屈上はできると分かっている。集団的自衛権を公明党内に認めてもらうだけで、疲れ果てたんだろう」

集団的自衛権を受け入れることだけで精いっぱいの公明党。さらに集団安保の議論まで加わると、首相の安倍晋三が指示していた六月中の閣議決定に間に合わなくなる。

結局、集団安保の議論は、政治的に「白地」のまま先送りされ、七月一日の閣議決定を迎えた。反発する公明党に配慮し、閣議決定には「集団安全保障」の文字は書き込まれなかった。しかし、国家安全保障局が作った想定問答には、武力行使の3要件を満たせば、「憲法上許容される」と記されていた。

閣議決定を受けて開かれた一四年七月一四日の衆院予算委員会。質問に立った高村は、内閣法制局長官の横畠裕介から、こう答弁を引き出す。

「国際法上の根拠が国連安保理決議となっても、新3要件を満たす武力の行使をやめなければならないことにはならない」

集団安保は、閣議決定から二週間後にあっさりと決着した。

終章 日本はどこへ向かうのか それぞれの夏

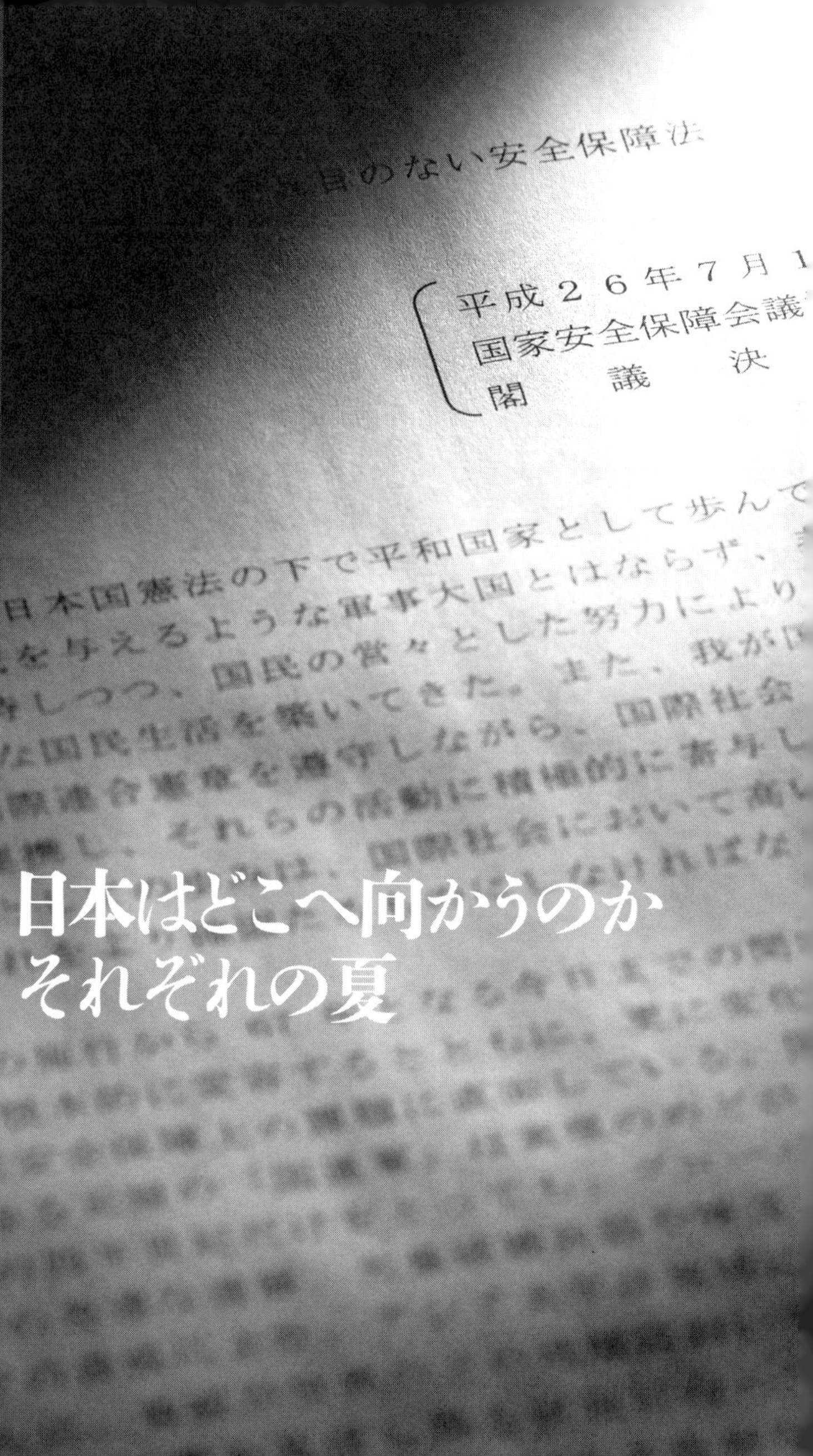

2014年7月、ついに集団的自衛権の行使容認が閣議決定された

「平和の党」としてのアピール

首相の安倍晋三の左右にはプロンプター（原稿映写機）。そこに映し出された文字を読み続けた。

二〇一四年七月一日。安倍内閣は集団的自衛権を使えるよう憲法の解釈を変える閣議決定を行った。安倍にとって悲願のはずだったが、記者会見の様子は、気迫みなぎる表情で解釈変更の検討を表明した五月一五日の時とは明らかに違っていた。

拳を振り上げるようなパフォーマンスはなく、淡々と安倍は質問に答え、二五分で記者会見を切り上げた。

連立を組む公明党代表の山口那津男は対照的だった。

安倍の会見が終わった二〇分後。国会内で記者会見に臨んだ山口は、やや顔を紅潮させ、堂々とした口調で語り始めた。

「政府が恣意的に判断できないように、客観的、合理的な判断ができるメルクマールとして、『明白な危険がある』ということは非常に重要なポイントだ」

「個別的自衛権に匹敵するような事態にのみ発動されるとの歯止めをかけて、憲法の規範性を確保した」

党代表として、いかに公明党が歯止めをかけたかを必死で訴えた。

記者から質問が飛ぶ。

「行使容認に傾いた時期はいつか」

約一年前、山口は集団的自衛権の行使容認を「断固反対」と語っていた。その整合性を問われたのだった。

山口は気色ばんだ。

「集団的自衛権の行使は認めてませんから。その点はよく理解はしてほしい」

会見は、記者からの質問が途切れるまで続いた。

山口には党内随一の安全保障政策通という自負がある。

さわやかな弁舌で支持者からの評判も良いことから「広告塔」として代表に就いた山口だが、集団的自衛権には安保の専門家として前のめりになっていた。自民と公明の水面下の協議「3＋3」（スリー・プラス・スリー）に党代表にもかかわらず、参加していた。しかし、3＋3はメディアの報道で公になり、協議の最前線から退場を余儀なくされ、与党協議の手綱は副代表の北側一雄に全面的に移っていた。

自公が事実上、行使容認で合意したときでも、山口の思いは煮え切らないものがあった。

六月一九日昼。国会会期末の間近に開かれた党首会談。山口は約束の五分前に首相官邸に現れた。いつもと同じやや早足で、安倍が待つ執務室へ向かった。

「**午前はロボット視察だったんですね**」

山口は、当たり障りのない話題から切り出した。そこへサラダとオニオンソースがけステーキが運び込まれた。

一〇分ほどたったころだった。安倍が集団的自衛権の話を始めた。

「**与党協議はしっかり見守っていますので**」

閣議決定の方針を遠回しに伝えると、山口は、

「**党内にはいろんな意見があります**」

と言い返そうとして、そこでやめた。

六月二六日の公明党の会合。与党協議の議論はほぼ終わっていた。あとは、党内の不満を取り除いて、了承するのみだった。

ところが、山口は突然、大声を張り上げた。

「こんなんじゃダメだ！」

隣にいた北側ら出席者は凍りつき、驚いて顔を上げた。

山口は我に返ったように、落ち着いて続けた。

「そう支持者に言われないような結論にしないと」

集団的自衛権の行使容認という安倍の悲願に抗しきれなかった山口が、たった一度だけ見せた心の叫びだった。

閣議決定の翌日。

山口は党本部にいた。党職員を集めた朝礼に出席し、今回の閣議決定について話すためだった。代表が朝礼に出席するのは、異例のことだった。

「憲法解釈を変えたことを改憲だと言う人がいるが、そうではない。他国を防衛すること自体を目的とする、いわゆる集団的自衛権は否定している。憲法の規範性も守られたことになる」

「歯止め」という言葉を何度も使い、理解を求めた。行使容認に慎重だった支援者である創価学会員に語りかけているようだった。

そして、最後にこう結んだ。

「公明党は平和国家としての歩み、その柱を作ってきた。専守防衛をずっと主張してきた。他国に脅威を与えるような軍事大国にならない。平和国家としての柱は、今後ともしっかりと貫く」

行使容認を決めた一四年の夏。山口は、党が作成したＤＶＤに出演して説明したり、地方の講演に積極的に参加したりした。

「平和の党を傷つけた」

という批判を跳ね返すため。そして、いかに公明党が歯止めをかけたかをアピールするためだった。

代表として「広告塔」という元の顔にもどり、「断固反対」と意気込んでいた安保政策通の面影はもはやなくなっていた。

エキスパートを自任する石破の無念

閣議決定の夜。

自民党幹事長の石破茂は、盟友の浜田靖一《やすかず》や、与党協議のメンバーだった中谷元、岩屋毅を誘い、カラオケスナックに行った。

石破は浮かない表情をしていた。誰かが、

「これで本当によかったんですかね」

とつぶやいた。石破は無言だった。

そしてマイクを握り、一九七〇年代の人気アイドルグループ「キャンディーズ」のヒット曲を歌い始めた。

「不思議なもので、みんなが『集団的自衛権』と言い始めると俺は冷めてしまう。『そんなに簡単に分かるの』って。売れないころから応援していたアイドルに突然人気が出ると、

『何か違うなぁ』

という感覚かな」

二〇一四年三月下旬、石破は不満を漏らした。安倍晋三や自民党副総裁の高村正彦が唱える集団的自衛権の「限定容認論」に焦点が当たり始めた時だった。

石破は党内きっての国防のエキスパートだ。防衛庁長官として自衛隊をイラクに派遣。福田内閣では防衛相も務めた。

外交や安全保障は、

「票にならない」

と先輩議員にたしなめられながらも、十数年前から集団的自衛権の行使容認を訴え続けてきた。集団的自衛権の行使は国連加盟国すべてに認められている。日本も他国のように全面的に行使できる「ふつうの国」になるべきだというのが持論だ。

三月三一日、自身が本部長を務める自民党の「安全保障法制整備推進本部」の初会合で潮目が変わった。

高村が一六〇〇人の議員を前に講演。一九五九年の砂川事件判決の、

「わが国が自国の平和と安全を維持し、その存立を全うするために必要な自衛のための措置をと

りうる」

とした部分を持ち出し、

「集団的自衛権も『必要最小限度』にあたる」

との考えを打ち出した。

この時を境に「限定容認論」が主流となり、党内から安全保障の本質的な議論が消えた。そして、与党協議の交渉役も高村に奪われた。

アイドルだった「集団的自衛権」が自分の手元から離れていった。

石破は二〇一四年五月一八日、NHKの番組で、こう問いかけた。

「アメリカの若者は日本のために血を流す覚悟をしている。他国の若者なら命を懸けてもいいが、日本は懸けない。本当にそれでいいのか」

日本が集団的自衛権の行使を認めても、日米安全保障条約を改定しない限り、米国が攻撃された時に日本が米軍を守る義務はない。

ただ、米軍から支援を求められれば、

「憲法の制約があるからできない」

と断ることができなくなる。

今よりも自衛隊が米国の戦争に巻き込まれる可能性は増える——。

石破が言いたかったのは「ふつうの国」になることの「代償」、そしてリーダーには、**「血を流す覚悟」**が必要ということだった。

しかし、安倍は、この点に触れたがらない。

七月一日の記者会見。

「隊員が戦闘に巻き込まれ、血を流す可能性が高まる点をどう考えるのか」「犠牲を伴う可能性に、国民はどういう覚悟を持つのか」

記者の質問に対し、安倍は、

「自衛隊の皆さんは危険が伴う任務を果たしている。勇気ある活動に敬意を表する」

と、正面から答えなかった。

そして、一四年秋。

安倍は、内閣改造に踏み切り、石破に対し、幹事長から外し、安全保障法制担当相に据えることを打診した。

閣議決定の内容に沿って、自衛隊法など関連法案を変えていく安全保障法制を取り仕切る重職だ。集団的自衛権というアイドルを手元に取り戻すチャンスでもあった。

しかし、石破は安倍の打診を断った。その理由をこう語る。

「**首相と一〇〇パーセント考えが一緒の人が国会で答弁するのが一番いい。『考えが違う』と答えたら、国会が止まる**」

前代未聞の厳秘ファイル

集団的自衛権の行使を認める閣議決定で、議論の推進役を果たしたのは、国家安全保障局だ。安倍が創設した「国家安全保障会議（日本版ＮＳＣ）」の事務局である。

閣議決定を裏で主導した「５人組」のメンバーで、政府側の理論武装を担った兼原信克、高見沢将林の両官房副長官補は国家安全保障局次長を兼務する。

ただ、その動きは秘密主義で、情報漏れに細心の注意を払っていた。

首相の私的諮問機関「安全保障の法的基盤の再構築に関する懇談会」（安保法制懇）がまとめた報告書も情報管理を徹底した。

二〇一四年五月一三日午前、官房長官の菅義偉が記者会見で、一五日に安保法制懇が安倍に報告書を提出することを明らかにした。

直後、安保法制懇のメンバーの一人、防衛大学名誉教授の佐瀬昌盛は、記者からの問い合わせで「一五日に報告」という日程を初めて知る。

佐瀬は、

「政府よりメディアのほうが親切だ」

と漏らした。

行使容認に慎重な公明党は当時、報告書の中身に神経質になっていた。事前に内容がマスコミに報じられると、公明党の交渉役である副代表の北側らが、党内の説得に手間取ることになる。政府や自民党はそう懸念していた。

ところが、一四日付の朝日新聞朝刊で報告書の全容が報じられた。

国家安保局は報告書を事前に配布した関係者に連絡し、どこから漏れたか徹底的に調べようとした。コピー記録はもちろん、ゴミ箱に捨てられた紅茶まみれのコピー用紙までかき集められた。私用メールの履歴も申告させるなど犯人捜しに躍起になった。

報告書には、コピーすると「外務省」「防衛省」「内閣法制局」などと配布先を示す文字が浮かび上がる細工がしてあった。どの省庁から情報が漏れたか分かるようにしていたのだ。

この件をきっかけに、国家安保局はさらに情報管理のレベルを上げた。

六月中旬、集団的自衛権の行使を認める閣議決定の原案が、外務省や防衛省など関係省庁に配られた。ただ、配られたのは数部ずつのみ。国家安保局の担当者は配布した相手にこう言った。

「原案は今晩中に回収する。大臣など幹部への根回しも、それまでに終えてほしい」

与えられたのは数時間しかなかった。

各省庁は受け取った原案を大臣や幹部に説明するためにコピーしたところ、目を疑った。コピーした紙が真っ黒になって出てきたからだ。ある官僚はつぶやいた。

「**こんなに管理が厳重なのは初めてだ**」

七月一日の閣議決定の日、安倍は記者会見で、

「**自民党、公明党の連立与党が濃密な協議を積み重ねてきた結果だ**」

と持ち上げた。

しかし、集団的自衛権の行使容認という、戦後の安全保障政策の大転換は、国家安保局による徹底した秘密主義のもと、政治家と官僚の「5人組」によって水面下で決められた。

法制局長官OBの「へりくつ」というダメだし

安倍内閣が集団的自衛権の行使を認める閣議決定をして一週間後の二〇一四年七月八日夜。内閣法制局の入る中央合同庁舎四号館に近いビルの一室に歴代の長官が並んだ。秋山収（在任期間〇二～〇四年）や宮崎礼壹（同〇六～一〇年）、梶田信一郎（同一〇～一一年）らだ。長官OBと現役幹部が定期的に意見交換する「参与会」だった。その時々の政策や提出法案をめぐり、現役から説明を受ける勉強会だ。

この日も、いつもどおりに仕出し弁当をつつきながら、議題の税制について現役の参事官から説明があり、意見を交わしていた。

突然、現長官の横畠裕介が話題を変えた。

「**では、議論はこの辺にしていただいて。この間、閣議決定がありましたので、その説明をさせてください**」

閣議決定文のコピーを配られたOBらは、不意打ちを食らった。

第二次安倍内閣ができてから、集団的自衛権の説明を受けるのは初めてだ。この日も、議題のなかに閣議決定の説明があると通告されていなかった。

横畠は、今回の閣議決定が、いかに一九七二年の政府見解の論理を強く引き継いでいるか、という点を強調した。歴代長官が積み重ねてきた国会答弁を白紙にする事態を防ぎ、憲法の規範を守ったのだ――。

「従来の政府見解との整合性、そして論理の一貫性は保たれております」

横畠は力を込めた。

しかし、長官OBたちはこの説明に納得しなかった。

これまで、長官の首をすげ替えるという強硬姿勢を貫く首相の安倍晋三のもとで、苦境に立つ現役に配慮し、直接意見を言うことを控えてきた。ただ、この日は容赦なかった。

二〇〇四年の国会で、自民党幹事長だった安倍と激しくやりあった秋山は、こう警告した。

「『新3要件』の『我が国の存立が脅かされ、国民の権利が根底から覆される』とはどういう事態なのか、はっきりしない。ああいう表現をする限り、拡大解釈の危険は残るよ」

秋山に続いた宮崎は、さらに手厳しかった。

「そんな論理はへりくつだと言わざるを得ない！」

第一次安倍内閣の時に、辞任覚悟で憲法解釈の変更に抵抗した男だ。宮崎から見れば、「他国防衛」が本質の集団的自衛権を、「自国防衛」の個別的自衛権とごちゃ混ぜにするような論理は、憲法の規範を揺るがすものとしか思えなかった。

ＯＢの言葉に、横畠は苦しげな表情を浮かべた。

行使容認に突き進む安倍に押されながらも、「法の番人」として、閣議決定の論理を作った内閣法制局。果たして、彼らは憲法９条の規範を守ったのか、それとも、壊してしまったのか。その答えはまだ出ていない。

「スピード感は無理を強いた」

「これしかないね、というところに落ち着いたな」

二〇一四年八月上旬、東京・帝国ホテル。五人の男が宴を開いていた。ワインを片手に、自民党副総裁の高村正彦が語りかけた。

公明党副代表の北側一雄は笑顔で応じた。

そばには内閣法制局長官の横畠裕介に加え、外務省出身の兼原信克、防衛省出身の高見沢将林の両官房副長官補がいた。憲法解釈の変更の実務を担った「5人組」が閣議決定から一ヵ月たち、慰労会を開いたのだった。

その約二ヵ月半後の一〇月下旬、こんどは重鎮議員五人が、東京・赤坂の料理屋に集まっていた。自民側は高村と前副総裁の大島理森。公明側は北側と幹事長の井上義久、中央幹事会会長の漆原良夫。集団的自衛権の行使を容認する閣議決定をめぐる協議にかかわった面々だ。

「悪代官」の大島が、

「うるちゃん、何がいいかね？」

と持ちかけ、「越後屋」の漆原が、

「肉でも食えばいいよ」

と応じて決まった大島主催の会だった。

高村と井上は日本酒。大島はビール。

漆原は大島に、

「何を飲むのか、うるちゃん選べ」

と言われ、

「一五万七〇〇〇円のやつだけど、いいのか」

とおどけてみせた。大島は、

「打ち上げだから」

と笑顔で応じ、一万五七〇〇円の赤ワインをオーダーした。

日本酒にしゃぶしゃぶを楽しんでいた高村が口を開いた。

「閣議決定は、私にとっても、北側さんら公明党にとっても想定の範囲内だったと思う。ただ

……」

和やかな会に、少しだけ緊張感がただよった。

「ただ、スピード感だけは公明党の事情を考えれば、無理を強いてしまった」

　高村は続けた。

「私は『日米ガイドライン改定の実質的交渉に入る前に、安保法制の骨格がまとまっていなければいけない』と言った。だが現在、その骨格は粗々でもまとまっているとは言えない」

　日米両政府は、日本や周辺国の有事の際に自衛隊と米軍の役割分担を定める「日米防衛協力のための指針（ガイドライン）」を一四年末に改定することで合意していた。

　政府と自民党は、閣議決定の内容を日米ガイドラインに反映させるため、秋ごろには、自衛隊法改正などの安全保障法制の骨格を示す。

　だから、閣議決定は六月中でなければならない——。

「いつまでも、だらだら与党協議をしていたら、笑われる」

「ここで閣議決定しないと、ずっとできない」

　そう考えた首相・安倍晋三の強い意志が、期限を区切った「本音」の理由だったが、高村はガイドラインの見直しという「建て前」の理由を用いて公明党に協議の期限を宣言したのだった。

　しかし、政府は安保法制の骨格を示せず、ガイドライン改定の作業も遅れていた。高村はそれが気になっていた。

高村の謝罪の言葉に対し、北側は、

「いやいや、こういうのは期限を切ってやらざるを得ませんから」

と怒ることもなく応じた。

この慰労会をセットした大島は、

「この二人なら、今後も大いに話し合うことができるだろう」

と感慨に浸った。


互いに携帯電話の番号さえ知らない関係だった高村と北側。一四年末の衆院選では、高村が北側の選挙区に応援演説に行くほどの関係になっていた。

一二月一二日、堺市のホテル。高村は、

「今日の私の応援は、自民党から指令されたわけでもないし、北側先生から頼まれたわけでもない。私の押しかけ応援だ」

とおどけて見せた。

「私と北側先生のつきあいは、そんなに長くない。がっちりつきあうようになったのは、今年（一四年）の四月の終わりごろから六月いっぱいまで。

安倍総理に言われた。

『高村さんと北側さんが会っている時間は、それぞれの奥さんといる時間より、長いんじゃないですか』

と」

笑いを取った。そして、

「北側先生は、日本政界の宝だ。集団的自衛権を、『平和の党』公明党に納得させるのは、並大抵のことではなかった。国のために、見事に成し遂げていただいた」

と持ち上げた。

一方の北側は、支援者に訴えた。

「自民党内でもいろんな意見がある。当然、違う政党である公明党との間でも、意見が違う場合はある。ただ、政治を前に進めていくためには、きちんと合意を形成していく。お互いに意見を交わしながら、ある時はぶつかり合いながらも、最終的には、一定の結論を出す。そして、政治を前に進める」

選挙が終わり、年が明けると、二人には「次」が待っている。閣議決定の内容に沿った安保法制を作ることだった。演説する北側の姿は、その安保法制に向けて、自分に課せられた使命を自らに言い聞かせるかのようだった。

集団的自衛権の行使を容認する閣議決定（全文）

国の存立を全うし、国民を守るための切れ目のない安全保障法制の整備について

2014年7月1日

国家安全保障会議決定

閣議決定

我が国は、戦後一貫して日本国憲法の下で平和国家として歩んできた。専守防衛に徹し、他国に脅威を与えるような軍事大国とはならず、非核三原則を守るとの基本方針を堅持しつつ、国民の営々とした努力により経済大国として栄え、安定して豊かな国民生活を築いてきた。また、我が国は、平和国家としての立場から、国際連合憲章を遵守《じゅんしゅ》しながら、国際社会や国際

連合を始めとする国際機関と連携し、それらの活動に積極的に寄与している。こうした我が国の平和国家としての歩みは、国際社会において高い評価と尊敬を勝ち得てきており、これをより確固たるものにしなければならない。

一方、日本国憲法の施行から67年となる今日までの間に、我が国を取り巻く安全保障環境は根本的に変容するとともに、更に変化し続け、我が国は複雑かつ重大な国家安全保障上の課題に直面している。国際連合憲章が理想として掲げたいわゆる正規の「国連軍」は実現のめどが立っていないことに加え、冷戦終結後の四半世紀だけをとっても、グローバルなパワーバランスの変化、技術革新の急速な進展、大量破壊兵器や弾道ミサイルの開発及び拡散、国際テロなどの脅威により、アジア太平洋地域において問題や緊張が生み出されるとともに、脅威が世界のどの地域において発生しても、我が国の安全保障に直接的な影響を及ぼし得る状況になっている。さらに、近年では、海洋、宇宙空間、サイバー空間に対する自由なアクセス及びその活用を妨げるリスクが拡散し深刻化している。もはや、どの国も一国のみで平和を守ることはできず、国際社会もまた、我が国がその国力にふさわしい形で一層積極的な役割を果たすことを期待している。

政府の最も重要な責務は、我が国の平和と安全を維持し、その存立を全うするとともに、国民の命を守ることである。我が国を取り巻く安全保障環境の変化に対応し、政府としての責務を果たすためには、まず、十分な体制をもって力強い外交を推進することにより、安定しかつ見通しがつきやすい国際環境を創出し、脅威の出現を未然に防ぐとともに、国際法にのっとって行動し、法の支配を重視することにより、紛争の平和的な解決を図らなければならない。

さらに、我が国自身の防衛力を適切に整備、維持、運用し、同盟国である米国との相互協力を強化するとともに、域内外のパートナーとの信頼及び協力関係を深めることが重要である。特に、我が国の安全及びアジア太平洋地域の平和と安定のために、日米安全保障体制の実効性を一層高め、日米同盟の抑止力を向上させることにより、武力紛争を未然に回避し、我が国に脅威が及ぶことを防止することが必要不可欠である。その上で、いかなる事態においても国民の命と平和な暮らしを断固として守り抜くとともに、国際協調主義に基づく「積極的平和主義」の下、国際社会の平和と安定にこれまで以上に積極的に貢献するためには、切れ目のない対応を可能とする国内法制を整備しなければならない。

5月15日に「安全保障の法的基盤の再構築に関する懇談会」から報告書が提出され、同日に安倍内閣総理大臣が記者会見で表明した基本的方向性に基づき、これまで与党において協議を重ね、政府としても検討を進めてきた。今般、与党協議の結果に基づき、政府として、以下の基本方針に従って、国民の命と平和な暮らしを守り抜くために必要な国内法制を速やかに整備することとする。

1　武力攻撃に至らない侵害への対処

（1）我が国を取り巻く安全保障環境が厳しさを増していることを考慮すれば、純然たる平時でも有事でもない事態が生じやすく、これにより更に重大な事態に至りかねないリスクを有している。こうした武力攻撃に至らない侵害に際し、警察機関と自衛隊を含む関係機関が基本的な役割分担を前提として、より緊密に協力し、いかなる不法行為に対しても切れ目のない十分な対応を確保するための態勢を整備することが一層重要な課題となっている。

（2）具体的には、こうした様々な不法行為に対処するため、警察や海上保安庁などの関係機関が、それぞれの任務と権限に応じて緊密に協力して対応するとの基本方針の下、各々《おのおの》の対応能力を向上させ、情報共有を含む連携を強化し、具体的な対応要領の検討や整備を行い、命令発出手続を迅速化するとともに、各種の演習や訓練を充実させるなど、各般の分野における必要な取組を一層強化することとする。

（3）このうち、手続の迅速化については、離島の周辺地域等において外部から武力攻撃に至らない侵害が発生し、近傍に警察力が存在しない場合や警察機関が直ちに対応できない場合（武装集団の所持する武器等のために対応できない場合を含む。）の対応において、治安出動や海上における警備行動を発令するための関連規定の適用関係についてあらかじめ十分に検討し、関係機関において共通の認識を確立しておくとともに、手続を経ている間に、不法行為による被害が拡大することがないよう、状況に応じた早期の下令や手続の迅速化のための方策について具体的に検討することとする。

（4）さらに、我が国の防衛に資する活動に現に従事する米軍部隊に対して攻撃が発生し、それが状況によっては武力攻撃にまで拡大していくような事態においても、自衛隊と米軍が緊密に連携して切れ目のない対応をすることが、我が国の安全の確保にとっても重要である。自衛隊と米軍部隊が連携して行う平素からの各種活動に際して、米軍部隊に対して武力攻撃に至らない侵害が発生した場合を想定し、自衛隊法第95条による武器等防護のための「武器の使用」の考え方を参考にしつつ、自衛隊と連携して我が国の防衛に資する活動（共同訓練を含む。）に現に従事している米軍部隊の武器等であれば、米国の要請又《また》は同意があることを前提に、当該武器等を防護するための自衛隊法第95条によるものと同様の極めて受動的かつ限定的な必要最小限の「武器の使用」を自衛隊が行うことができるよう、法整備をすることとする。

2　国際社会の平和と安定への一層の貢献

（1）いわゆる後方支援と「武力の行使との一体化」

ア　いわゆる後方支援と言われる支援活動それ自体は、「武力の行使」に当たらない活動である。例えば、国際の平和及び安全が脅かされ、国際社会が国際連合安全保障理事会決議に基づいて一致団結して対応するようなときに、我が国が当該決議に基づき正当な「武力の行使」を行う他国軍隊に対してこうした支援活動を行うことが必要な場合がある。一方、憲法第9条との関係で、我が国による支援活動については、他国の「武力の行使と一体化」することにより、我が国自身が憲法の下で認められない「武力の行使」を行ったとの法的評価を受けることがないよう、これまでの法律においては、活動の地域を「後方地域」や、いわゆる「非戦闘地域」に限定するなどの法律上の枠組みを設定し、「武力の行使との一体化」の問題が生じないようにしてきた。

イ　こうした法律上の枠組みの下でも、自衛隊は、各種の支援活動を着実に積み重ね、我が国に対する期待と信頼は高まっている。安全保障環境が更に大きく変化する中で、国際協調主義に基づく「積極的平和主義」の立場から、国際社会の平和と安定のために、自衛隊が幅広い支援活動で十分に役割を果たすことができるようにすることが必要である。また、このような活動をこれまで以上に支障なくできるようにすることは、我が国の平和及び安全の確保の観点からも極めて重要である。

ウ　政府としては、いわゆる「武力の行使との一体化」論それ自体は前提とした上で、その議論の積み重ねを踏まえつつ、これまでの自衛隊の活動の実経験、国際連合の集団安全保障措置の実態等を勘案して、従来の「後方地域」あるいはいわゆる「非戦闘地域」といった自衛隊が活動する範囲をおよそ一体化の問題が生じない地域に一律に区切る枠組みではなく、他国が「現に戦闘行為を行っている現場」ではない場所で実施する補給、輸送などの我が国の支援活動については、当該他国の「武力の行使と一体化」するものではないという認識を基本とした以下の考え方に立って、我が国の安全の確保や国際社会の平和と安定のために活動する他国軍隊に対して、必要な支援活動を実施できるようにするための法整備を進めることとする。

（ア）我が国の支援対象となる他国軍隊が「現に戦闘行為を行っている現場」では、支援活動は実施しない。

（イ）仮に、状況変化により、我が国が支援活動を実施している場所が「現に戦闘行為を行っている現場」となる場合には、直ちにそこで実施している支援活動を休止又は中断する。

（２）国際的な平和協力活動に伴う武器使用

ア　我が国は、これまで必要な法整備を行い、過去20年以上にわたり、国際的な平和協力活動を実施してきた。その中で、いわゆる「駆け付け警護」に伴う武器使用や「任務遂行のための武器使用」については、これを「国家又は国家に準ずる組織」に対して行った場合には、憲法第９条が禁ずる「武力の行使」に該当するおそれがあることから、国際的な平和協力活動に従事する自衛官の武器使用権限はいわゆる自己保存型と武器等防護に限定してきた。

イ　我が国としては、国際協調主義に基づく「積極的平和主義」の立場から、国際社会の平和と安定のために一層取り組んでいく必要があり、そのために、国際連合平和維持活動（ＰＫＯ）などの国際的な平和協力活動に十分かつ積極的に参加できることが重要である。また、自国領域内に所在する外国人の保護は、国際法上、当該領域国の義務であるが、多くの日本人が海外で活躍し、テロなどの緊急事態に巻き込まれる可能性がある中で、当該領域国の受入れ同意がある場合には、武器使用を伴う在外邦人の救出についても対応できるようにする必要がある。

ウ　以上を踏まえ、我が国として、「国家又は国家に準ずる組織」が敵対するものとして登場しないことを確保した上で、国際連合平和維持活動などの「武力の行使」を伴わない国際的な平和協力活動におけるいわゆる「駆け付け警護」に伴う武器使用及び「任務遂行のための武器使用」のほか、領域国の同意に基づく邦人救出などの「武力の行使」を伴わない警察的な活動ができるよう、以下の考え方を基本として、法整備を進めることとする。

（ア）国際連合平和維持活動等については、ＰＫＯ参加5原則の枠組みの下で、「当該活動が行われる地域の属する国の同意」及び「紛争当事者の当該活動が行われることについての同意」が必要とされており、受入れ同意をしている紛争当事者以外の「国家に準ずる組織」が敵対するものとして登場することは基本的にないと考えられる。このことは、過去20年以上にわたる我が国の国際連合平和維持活動等の経験からも裏付けられる。近年の国際連合平和維持活動において重要な任務と位置付けられている住民保護などの治安の維持を任務とする場合を含め、任務の遂行に際して、自己保存及び武器等防護を超える武器使用が見込まれる場合には、特に、その活動の性格上、紛争当事者の受入れ同意が安定的に維持されていることが必要である。

（イ）自衛隊の部隊が、領域国政府の同意に基づき、当該領域国における邦人救出などの「武力の行使」を伴わない警察的な活動を行う場合には、領域国政府の同意が及ぶ範囲、すなわち、その領域において権力が維持されている範囲で活動することは当然であり、これは、その範囲においては「国家に準ずる組織」は存在していないということを意味する。

（ウ）受入れ同意が安定的に維持されているかや領域国政府の同意が及ぶ範囲等については、国家安全保障会議における審議等に基づき、内閣として判断する。

（エ）なお、これらの活動における武器使用については、警察比例の原則に類似した厳格な比例原則が働くという内在的制約がある。

3　憲法第9条の下で許容される自衛の措置

（1）我が国を取り巻く安全保障環境の変化に対応し、いかなる事態においても国民の命と平和な暮らしを守り抜くためには、これまでの憲法解釈のままでは必ずしも十分な対応ができないおそれがあることから、いかなる解釈が適切か検討してきた。その際、政府の憲法解釈には論理的整合性と法的安定性が求められる。したがって、従来の政府見解における憲法第9条の解釈の基本的な論理の枠内で、国民の命と平和な暮らしを守り抜くための論理的な帰結を導く必要がある。

（2）憲法第9条はその文言からすると、国際関係における「武力の行使」を一切禁じているように見えるが、憲法前文で確認している「国民の平和的生存権」や憲法第13条が「生命、自由及び幸福追求に対する国民の権利」は国政の上で最大の尊重を必要とする旨定めている趣旨を踏まえて考えると、憲法第9条が、我が国が自国の平和と安全を維持し、その存立を全うするために必要な自衛の措置を採ることを禁じているとは到底解されない。一方、この自衛の措置は、あくまで外国の武力攻撃によって国民の生命、自由及び幸福追求の権利が根底から覆されるという急迫、不正の事態に対処し、国民のこれらの権利を守るためのやむを得ない措置として初めて容認されるものであり、そのための必要最小限度の「武力の行使」は許容される。これが、憲法第9条の下で例外的に許容される「武力の行使」について、従来から政府が一貫して表明してきた見解の根幹、いわば基本的な論理であり、昭和47年10月14日に参議院決算委員会に対し政府から提出された資料「集団的自衛権と憲法との関係」に明確に示されているところである。

この基本的な論理は、憲法第9条の下では今後とも維持されなければならない。

（3）これまで政府は、この基本的な論理の下、「武力の行使」が許容されるのは、我が国に対する武力攻撃が発生した場合に限られると考えてきた。しかし、冒頭で述べたように、パワーバランスの変化や技術革新の急速な進展、大量破壊兵器などの脅威等により我が国を取り巻く安全保障環境が根本的に変容し、変化し続けている状況を踏まえれば、今後他国に対して発生する武力攻撃であったとしても、その目的、規模、態様等によっては、我が国の存立を脅かすことも現実に起こり得る。

我が国としては、紛争が生じた場合にはこれを平和的に解決するために最大限の外交努力を尽くすとともに、これまでの憲法解釈に基づいて整備されてきた既存の国内法令による対応や当該憲法解釈の枠内で可能な法整備などあらゆる必要な対応を採ることは当然であるが、それでもなお我が国の存立を全うし、国民を守るために万全を期す必要がある。

こうした問題意識の下に、現在の安全保障環境に照らして慎重に検討した結果、我が国に対する武力攻撃が発生した場合のみならず、我が国と密接な関係にある他国に対する武力攻撃が発生し、これにより我が国の存立が脅かされ、国民の生命、自由及び幸福追求の権利が根底から覆される明白な危険がある場合において、これを排除し、我が国の存立を全うし、国民を守るために他に適当な手段がないときに、必要最小限度の実力を行使することは、従来の政府見解の基本的な論理に基づく自衛のための措置として、憲法上許容されると考えるべきであると判断するに至った。

（4）我が国による「武力の行使」が国際法を遵守して行われることは当然であるが、国際法上の根拠と憲法解釈は区別して理解する必要がある。憲法上許容される上記の「武力の行使」は、国際法上は、集団的自衛権が根拠となる場合がある。この「武力の行使」には、他国に対する武力攻撃が発生した場合を契機とするものが含まれるが、憲法上は、あくまでも我が国の存立を全うし、国民を守るため、すなわち、我が国を防衛するためのやむを得ない自衛の措置として初めて許容されるものである。

（5）また、憲法上「武力の行使」が許容されるとしても、それが国民の命と平和な暮らしを守るためのものである以上、民主的統制の確保が求められることは当然である。政府としては、我が国ではなく他国に対して武力攻撃が発生した場合に、憲法上許容される「武力の行使」を行うために自衛隊に出動を命ずるに際しては、現行法令に規定する防衛出動に関する手続と同様、原則として事前に国会の承認を求めることを法案に明記することとする。

4　今後の国内法整備の進め方

これらの活動を自衛隊が実施するに当たっては、国家安全保障会議における審議等に基づき、内閣として決定を行うこととする。こうした手続を含めて、実際に自衛隊が活動を実施できるようにするためには、根拠となる国内法が必要となる。政府として、以上述べた基本方針の下、国民の命と平和な暮らしを守り抜くために、あらゆる事態に切れ目のない対応を可能とする法案の作成作業を開始することとし、十分な検討を行い、準備ができ次第、国会に提出し、国会における御審議を頂くこととする。

（以上）

あとがき

本書は、朝日新聞で連載した「検証　集団的自衛権」シリーズがもとになっている。安倍内閣が集団的自衛権を使えるように、憲法の解釈を変える閣議決定を行った二〇一四年七月一日直後の三日から計四回の検証記事、そして「内閣法制局編」（一四年一〇月二六日〜一一月九日）、「閣議決定　攻防編」（一五年二月一五日〜三月二七日）の連載に、紙面には掲載されなかったエピソードなどを加筆し再構成した。

この大型連載を始めるきっかけは、現場の記者の問題意識からだった。第二次安倍内閣の発足後、官邸や与党を担当した蔵前勝久記者、防衛省や内閣法制局を担当した園田耕司記者が取材を積み重ねてきていた。歴史の評価に耐えられるだけの徹底した検証記事を残しておくべきだ、という思いが二人にあった。最近の朝日新聞政治部では、めまぐるしく動く政治状況に追われ、一つのテーマを深く掘り下げる大型連載に取り組むことができなかった。南島信也次長の「戦後日本の安全保障政策の大転換であり、歴史的な節目だ。書籍化できるぐらいの長期連載をやるべきだ」という呼びかけで、蔵前、園田両記者に加え、公明党担当の岡村夏樹記者、石破茂自民党幹事長担当の三輪さち子記者らが集まった。

できるかぎり当事者にあたり、事実を忠実に再現することを目指した。最初に取材チームで確認したのは二つ。「オンレコ取材を原則とする。新聞の常套句である『関係者によると』という記述は極力避けること」「主観的な表現や論を排し、当事者の証言に基づいて淡々と事実を記述すること」。特に当事者にオンレコで真相を語ってもらう作業は想像以上に難航した。

だが、取材チームは、将来、自衛隊が初めて集団的自衛権を行使した時、歴史家や安全保障、憲法の研究者が、その原点となる閣議決定の経緯を探るうえで、必ず手に取ってもらえるような歴史的に価値のある資料にしようという意気込みで作業にあたった。岡村記者は与党協議や「5人組」会合が行われた詳細な日程資料を入手した。これをもとに関係者に地道にあたりながら、「表」と「裏」の協議の過程、政治家や官僚の動きを再現していった。

痛感したのは、水面下で行われる実際の政治の動きが、目に見える表の動きと比べ、いかに先を進んでいたのか、ということだった。つまり、日々の紙面は、時に周回遅れになってしまっているという現実だ。そういう意味でも、閣議決定からかなり時間がたっていたにもかかわらず、粘り強く真実に迫ろうとした検証連載の意義はあったと自負している。

本書では、蔵前記者が序章、第三、四、五、六、終章、園田記者が序章、第一、五、六、終章、岡村記者が第二、三、四、五、終章、三輪記者が第三、四、終章の執筆を担った。また、この四記者だけでなく、相原亮、上地一姫、小野甲太郎、鯨岡仁、今野忍、杉崎慎弥、二階堂友紀、冨名腰隆、星野典久、明楽麻子ら各記者の日々の取材が大きく貢献したのは言うまでもない。立松朗政治部長からは貴重な助言、指導をいただいた。政治部の総力を挙げた企画だった。

そして何より、安倍政権が敷いた箝口令で口をつぐむ政治家や官僚が少なくなかったなか、歴史的な史実を後世に残すためという思いで取材に協力していただいた方々に心から感謝の言葉を申し上げたい。また、出版にあたっては、集団的自衛権という難しいテーマにもかかわらず私たちの思いをくんでいただいた講談社の木原進治氏に大変お世話になった。ご厚意に深謝したい。

朝日新聞政治部与党担当キャップ　土佐茂生

二〇一五年八月

カバー写真：2015年7月18日、作家・澤地久枝氏の呼びかけにより、
全国で掲げられた「アベ政治を許さない」のポスター。

安倍《あべ》政権《せいけん》の裏《うら》の顔《かお》
「攻防《こうぼう》 集団的自衛権《しゅうだんてきじえいけん》」ドキュメント

2015年9月15日　第1刷発行

著　者　朝日新聞《あさひしんぶん》 政治部《せいじぶ》 取材班《しゅざいはん》

写真提供　朝日新聞社

発行者　鈴木 哲

発行所　株式会社 講談社
〒112-8001
東京都文京区音羽2-12-21
電話　編集　03-5395-3532
販売　03-5395-4415
業務　03-5395-3615

印刷所　慶昌堂印刷株式会社

製本所　黒柳製本株式会社

落丁本・乱丁本は、購入書店名を明記のうえ、小社業務あてにお送りください。
送料小社負担にてお取り替えいたします。
なお、この本についてのお問い合わせは第一事業局企画部あてにお願いいたします。
本書のコピー、スキャン、デジタル化等の無断複製は
著作権法上での例外を除き禁じられています。
本書を代行業者等の第三者に依頼してスキャンやデジタル化することは、
たとえ個人や家庭内の利用でも著作権法違反です。

©The Asahi Shimbun Company 2015, Printed in Japan
ISBN978-4-06-219768-7
定価はカバーに表示してあります。